PARTNERS' BOOK FOR YOUNG TEACHERS

若い先生のパートナーズBOOK
授業づくり

授業中の指名
どんな法則があるか

河田孝文
編著

学芸みらい社

はじめに

河田 孝文

　新年度の国語の授業開きです。
　そのクラスは、前年度荒れていました。
　授業に対して後ろ向きで、ゆるんだ空気が漂っていました。
　教科書の扉の詩を追い読み、そして一斉音読させました。
　クラス全員の音読なのに、小さいのです。
　列の先頭のある子を指名しました。
「〇〇さん起立、一人で読んでごらんなさい」
　その子は、6行の詩を一人で読みました。
「8点！いきなり当たって、さっと読めるところがすごい」
　次の子を指名しました。
　その子は、早口で読みました。
「9点。すらすら読めました」
　こうして指名と評価で次々に読ませていきました。
　クラス全体のゆるみは消え、心地よい緊張感が漂い始めました。ここまで要した時間は、五分。
　たった五分で、指名と評価の合わせ技で教室が締まりやる気に満ちた状態ができました。
　手を挙げる子、いわゆる気の利いた子・出来の良い子だけ指名する方法では、この空気は作れません。
　また、次のような場面も多くの教室で見られます。
　多くの子は、発問に対して「はい」「はい」と手を挙げます。
　教師は、その中から適当に見繕って指名します。
　すると、指名されなかったやんちゃ君がふてくされます。
「なんで当ててくれないの！」

この反乱から授業は崩れていきます。

　駆け出し時期なら誰しも経験があるでしょう。

　このような場面を作らないための方法があります。

「四列の人に言ってもらいます」と言って、前から順番に発表させます。

　6名が発表するので、ほとんどのパターンは出ます。

　その上で「これ以外にある人？」と聞くのです。

　すると、発表したい子が他の意見を言います。

　この指名方法ならば、クラス全体の意見を漏れなく出させることができます。

　さらに、発言意欲旺盛な子を満足させることもできます。

　指名で、授業をコーディネートしているのです。

　また、次のような指名法もあります。

　問いをした直後に、子どもの名前を言って指名します（子どもは挙手をしていません）。

　列や挙手でないランダム指名です。

　誰が当たるかわかりません。だから常に備えておかなければなりません。備えていない子は「立ってなさい」となります。これが日常化したクラスの子は、常に脳が活性化しています。算数脳になっているのです。

　このように、指名は、授業の雰囲気を締めたり、子どもの学習意欲を上げたりすることができます。

　本書は、指名という授業行為だけを抽出しています。

　様々なケース、子どもの状況などを多面的・多角的に整理して指名の技術についてまとめました。

　本書の指名技術を教室で是非お確かめください。

　そして、さらに良い方法を探っていただけると嬉しいです。

目次

はじめに ……2

第1章 指名の法則
ここにフォーカスでうまくいく！

大井隆夫

1 指名には法則があるのか
〜大阪市立大空小学校での学び〜 ……8

2 名人の授業から分析する「教師の指示を無視・反抗
＝その時、授業名人がとった指名技」・河田孝文 ……10

3 ①ダメな奴と思われているA君への指名技 ……14
②陰の実力者B君への指名技 ……16
③男女がいがみあっている教室での指名技 ……18
④対教師への悪感情がある教室での指名技 ……20
⑤カーストが見え隠れする教室での指名技 ……22
⑥教室に分断の気配がある時の指名技 ……24

第2章 指名の基本法則
発問・指名・ほめるサイクル作り

下窪理政

1 効果的な指名を行うための基本的な法則 ……28
2 指名方法の種類〜用語解説〜 ……32
3 指名タイミングの適切な選択方法 ……36
4 指名後のフォローアップ ……40

第3章 学年による指名の仕方のポイント

田中稜真

1 低学年における指名の活用例 ……44
2 中学年における指名の活用例 ……46
3 高学年における指名の活用例 ……48

第4章 ICT活用で指名をどう変えるか

内藤恵子

1 ICT機器を活用した指名方法 ……54
2 ICT機器を活用した指名の効果 ……58

第5章 指名の活用例
～「よい学習活動モデル」を「指名」する～

平松英史

1 国語「音読」における指名の活用例 ……64
2 算数「端末活用」における指名の活用例 ……68
3 理科「実験結果レポート」における指名の活用例 ……72
4 社会科「調べ学習ノート」おける指名の活用例 ……74
5 道徳「言行一致」における指名の活用例 ……76
6 生活「植物観察」における指名の活用例 ……78

第6章 特別支援に配慮した指名例

下川凌司

1 ADHD傾向の児童への指名NG・OK例 ……82
2 ASD傾向の児童への指名NG・OK例 ……86
3 交流学級での指名NG・OK例 ……90

第7章 指名に関するよくある疑問・質問

河田孝文

1 指名しても答えられない児童がいたらどうすればよいですか？ ……96
2 いつも同じ児童ばかり指名してしまう問題をどのように解決できますか？ ……98
3 発言に消極的な児童をどのように巻き込みますか？ ……100

あとがき ……102

第1章

指名の法則
ここにフォーカスでうまくいく！

大井隆夫

第1章 — 1

指名には法則があるのか
～大阪市立大空小学校での学び～

1．指名には法則があるのか

　指名には、法則はない。しかし、いくつかのパターンがある。そのパターンのメリットとデメリットを列挙する。

パターン	メリット	デメリット
挙手指名	子どもの積極性を促進し、教師が子どもの意欲や関心を把握しやすい。	内向的な子どもが発言しにくくなる可能性がある。
順番指名	全員に均等に発言の機会を与え、公平性が保たれる。	順番が予測できるため、特定の子どもが準備を怠る可能性がある。
ランダム指名	子ども全員が常に準備をしている状態を保ち、公平性が保たれる。	子どもにとってストレスがかかる場合があり、特に内向的な子どもに負担になる。
ノート確認指名	子どもの理解度や進捗状況を把握しやすく、個別のフィードバックが可能。	時間がかかるため、全員に指名するのが難しい。

パターン	メリット	デメリット
ペア・グループ指名	協力的な学習を促進し、子ども同士のコミュニケーションを活発にする。	グループ内での意見の偏りや、特定の子どもが発言を主導する可能性がある。
意図的指名	特定の目的を持って指名することで、特定の子どもの成長を促進できる。	子どもにとって不公平に感じられる場合があり、教師の意図が誤解されることがある。

2．挙手させて指名の是非

指名なし討論とは、教師が特定の子どもを指名することなく、児童が自由に立ち上がって発言し、討論を行う形式の授業方法である。この方法では、児童が自発的に意見を述べることが求められる。指名なし討論は、向山洋一氏が提唱した教育技術である。

3．通常の指名と指名なし討論の違い

指名は先生が授業をコントロールしやすく、子どもの理解度を確認しやすい。一方で、発言の偏りや子どもに過度な発言のストレスを与えると、問題となることがある。

指名なし討論は生徒の自主性を促進し、自然な討論を生み出す。一方で、発言の偏りや討論の進行が難しいという課題がある。

つまり、指名しても指名しなくても、メリット・デメリットがある。だから、教師は場面に応じて様々な指名を組み合わせて使用していく必要がある。

第1章 — 2

名人の授業から分析する
「教師の指示を無視・反抗＝その時、授業名人がとった指名技」・河田孝文

　そもそもであるが、挙手指名には、多くの問題点が含まれている。
　端的に示してある野口芳宏氏の文を引用する。

> ア　挙手するような子どもは一般的に積極的であり、自分の考えに対して自信を持っている。
> イ　挙手するような子どもは一般的に反応が早く、頭がよく、また弁舌がさわやかである。
> ウ　とかく特定の子どもだけが活躍しやすい結果を生む。
> エ　挙手はしていても、その子の発言内容は教師にはわからないので、根拠に乏しい指名になる。
> オ　挙手者全ての発言の意志があるので、その中の特定の一人だけが指名されると他はがっかりする。そのため、つい発言権の奪い合いになり、教室が騒々しくなり易い。
> カ　そういう賑やかさの陰にかくれて、控えめで反応の遅い子ども、つまり、真の意味で指導を必要とする子どもが見落とされ、落ちこぼれることになり易い。

授業名人は、左記の問題点から、挙手指名をしない。
　教師の指示を無視・反抗する児童に対する河田孝文氏が使う指名技は、次の三つである。

| 再度指名 | 役割分担指名 | ほめながら指名 |

　これらについて、紹介してみたい。
まず、再度指名についてである。
　河田氏の教室でも、授業中にふさわしくなく、問いに正対しない発言がある。
　いわゆる不規則発言である。その時に使うのが、再度指名である。実際にどのように使うのか。
　まず、A君を指名する。
　A君が不規則発言をする。
　その瞬間、間髪入れずに

| A君、もう一度言ってごらんなさい。

　この瞬間に、教室に緊張感が走る。
　そして、A君は、すぐに態度を改めた。
　瞬時に再度指名することにより、今の発言がよくないものであったとA君は、すぐにわかる。それだけではない。
　学級全体に緊張感が走ったように、学級全体にも、不規則発言を許さないという雰囲気を作り出すことができる指名技なのである。
　つまり、指名によって学級づくりを行っているのである。
　この指名技には、ポイントがある。
　河田氏は、不規則発言の後、瞬時に再度指名を行ったのである。

そこから抽出できるポイントは、次である。

| 不規則発言 | → | 瞬時に再度指名 |

時間が少しでも経つと、本人もそして、学級全体も何のことかわからなくなってしまう。

だからこそ、瞬時の指名こそが肝なのである。

不規則発言を制する時に、特におすすめなのがこの指名技である。

次に紹介するのが、役割分担指名である。

この指名技は、無視や反抗の芽を事前に摘む指名技である。なぜ、授業中に無視や反抗する子が出てくるのであろうか。それは、反抗する子にとっては、授業がつまらなく、やることがないからである。しかしながら、教室には、勉強が苦手な子もいる。

だが、河田氏は役割を与えることで、授業に参加させるのである。そのための指名が、役割分担指名なのである。

算数の授業での一場面を見てみよう。

河田氏は、次のように指名をした。

| A君、四角1の問題を読みます。 |

A君は、役割を与えられることで、自然と授業に取り組む。また、学級に与える影響も大きい。なぜならば、問題を読むという何気ない学習場面においても、指名されるからである。事実、この後も河田氏は、様々な子に問題文を読むという場面で指名した。つまり、この役割分担指名により、授業中は、問題文を読むという役割で指名されるという緊張感が出たのである。

空気が弛緩することにより、子どもたちは授業に集中しな

くなる。その結果が、無視や反抗である。

　だからこそ、授業中に緊張感を持たせるための指名技が役割分担指名の特徴である。

　指名された子どもたちの表情を見ると、どの子もうれしそうなのである。なぜならば、役割を持って授業に参加できるからである。

　いきなり自分の意見を言うのはハードルが高い子も教室にはいる。だが、問題文を読むことは、多くの子ができる。かつ、適度な緊張感も出すことができる。

　授業に適度な緊張感を出す指名技なのである。

　最後に紹介するのが、ほめながら指名である。

　河田氏は、授業中、子どもたちをほめる。しかも、ただほめるのではない。ほめながら指名するのである。これは、どういうことなのか。

> A君の発表、すごいなぁ！　B君、負けるな。

　ほめるのは、指名される子ではないのである。ほめるのは、前に指名された子をほめるのである。そうすることで、B君は、対抗心が生まれ自然とよい相乗効果が生まれるのである。当然、ほめられたA君はよい気分となる。学級全体にもよい意味での競争意識が生まれる。A君をほめ、続けざまにB君を指名する。これが、演出なのである。間を空けず、指名することで子どもたちの負けず嫌いの心に火をつけていくのである。学級全体が学びに対して貪欲になっていくのである。子どもたちの反抗の芽を授業に熱中させることで、摘んでいくのである。指名によって、授業を熱中させていくことが、河田氏の指名技の本質である。

第1章 ― 3

①ダメな奴と思われている A君への指名技

クラスで、ダメな奴と思われている子は、勉強ができない場合が多い。指名に使う技は、次の5つである。

1 簡単な問題を指名
2 繰り返しの問題を指名
3 細分化して指名
4 ペアやグループで相談してからの指名
5 継続的に指名

1．簡単な問題を指名

その名の通り、簡単な問題を指名する方法である。誰でも答えられるような基本的な質問を選び、その子どもに答えさせる。

2．繰り返しの問題を指名

これもその名の通りである。繰り返しの問題を指名するのである。例えば、算数であればわり算の筆算の学習。

教師が「次、何をしますか」と発問する。その過程で、「たてます」「かけます」などアルゴリズムを答えさせる。これは、決まりきった繰り返しである。だからこそ、学習が苦手な子も答えることができる。

繰り返しの問題を指名することが有効である。

3．細分化して指名

　これは、授業自体の工夫である。

　発問でたくさん答えさせる場合がある。

　もっともっと細かく分けて発問をして、指名するのがポイントである。例えば、算数の繰り上がりのたし算の場合だと、「次、何の位の計算」「十の位」というように計算自体は答えなくても、何をするかは答えることができる。

　このように、細かく分けて指名することが重要である。

4．ペアやグループで相談してからの指名

　ペアやグループで、相談させることにより、勉強が苦手な子も教えてもらうことができる。そして、それを自分の考えとして発表できる。さらに、今度は窓側の人など予告することにより、より真剣に学び発表するチャンスを与えることができる。

5．継続的に指名

　これが一番大切である。一度の指名で、勉強ができるようになることもなければ、みんなの目が変わることも厳しい。

　だからこそ、上記の4つの技を繰り返す。そうすることで、本人と周りの目を少しずつ変えていくのである。

　5つの技は、その子どもに成功体験を積ませることである。問題に正しく答えることで、ダメな奴と思われている子に自信を持たせることができる。また、クラス全体の前で答えることで、他の子どもたちからの認識が確実に変わる。

　そして、他の子からポジティブな評価を得る機会となる。

第1章 ― 3

②陰の実力者B君への指名技

　クラスでは、実力は持っているのだが、教室でうまいこと発揮できないタイプである。

　そのような場合、使う技は、次の3つである。

1　専門知識を生かす指名
2　プレゼンテーションでの指名
3　グループ発表での指名

1．専門知識を生かす指名

　陰の実力者は、当然、たくさんの知識を持っている。

　その子の得意なことの時に指名するのである。

　当然であるが、授業と関連付けてである。

　だから、日頃からその子がどのようなことが得意なのかを知っておく必要がある。

　私が担任した子では、生き物について非常に深い知識を持っている子がいた。

　理科の季節の生き物の学習の時に、その子を指名した。

　すると、図書室で借りていた本を基に、皆に提示しながら様々な生き物を紹介し、周りの子から拍手が起きた。

　だからこそ、どのようなことが得意なのか、そして、興味を持って調べているのか。

そのことを教師が知っており、意図的に指名する必要がある。

2．プレゼンテーションでの指名

　陰の実力者だから表にはなかなか実力を出してこない。
　その時に有効なのが、プレゼンテーションでの指名である。
　一人一端末が配付されている。
　その端末を利用し、プレゼンテーションを作る時に使える指名技である。
　いきなりその子を指名するのではなく、グループ内で発表。その後、全体に発表させる。
　うまくプレゼンテーションが作られていることをほめた上で、B君を全体発表に指名する。
　この手法を使うことで、自然な流れで実力のあるB君を指名することができる。

3．グループ発表での指名

　そもそも、発表自体が苦手な陰の実力者もいる。
　しかし、実力はあるのでみんなに上手に教えることはできる。
　その場合には、グループでの発表で指名する。
　つまり、個人を指名しないのである。
　調べた内容をグループで発表させる指名である。
　一人では、うまく発表できない場合も、グループでは上手に発表することができる。
　そして、グループ全体をほめるのである。

第1章 —3

③男女がいがみあっている教室での指名技

　男女がいがみあっているクラス。このような状態のクラスには、コミュニケーション不足や過剰な競争意識があることが多い。

　そこで、使う技は以下の二つである。

　1　男女ペアワークでの指名
　2　グループでの指名

1．男女ペアワークでの指名

　コミュニケーション不足を解消するには、授業しかない。
　そこで、ペアワークをさせた上で指名する。
　この場合、座席の隣同士は男女であるということを基本とする。
　まず、発問をする。
　そして、お隣の人と相談してごらんなさい、と指示を出す。その後、次のように言う。

　お隣の人と相談したでしょうから誰に当てても大丈夫ですよね。本当に大丈夫？もう一回相談してごらん。

　このようにすることで、相談が活発になる。

その上で、ペアで指名する。

まず、自信がなさそうな子を指名する。

そして、補う部分があれば言ってあげてと言う。

このようにして、二人の間に協力関係を作り出すように指名をする。

お互いを理解していないことが多い。だからこそ、上記のように協力関係を作り出すことがポイントである。

2．グループでの指名

男女がいがみあっているクラスのもう一つの要因は、過剰な競争意識である。

競争意識自体は悪いものではない。

むしろ、競争意識を持つからこそ、お互いに高め合いよい効果が多い。

しかし、優位に立つ子が少数だとそれはよくない。

そこで、活用するのが、グループでの指名だ。

グループも学級の人数にもよるが、4名だけでなく、8名など、柔軟に変えて3つのグループを作ることもある。

そして、発問をし、指名するのである。

そこが、大きなポイントである。

また、グループワークにするといつも同じ子が答えるということがある。

そこで、多くの人の意見が聞きたいからとして、グループの中で番号を決め、その中の番号をランダムに指名する。

そうすることで、グループ全体で協力体制を作り出すことができる。

第1章 —3

④対教師への悪感情がある教室での指名技

　対教師に悪感情がある教室。このような状態のクラスになる理由は、次のようなことが考えられる。
それは、前年度までの教師への不信感。
このような場合、使う技は以下の三つである。

1　列指名
2　順番指名
3　意見交換指名

1．列指名

　これは、どの教室でもよく用いられる方法である。
　教師に対して悪い感情を持っているのである。
　そのような教室では、挙手指名は難しい場合が多い。
　子どもたちが手を挙げない。
　または、いつも決まった子たちが挙手をする。
　そのような授業ばかりでは、授業がよりいっそう進めにくくなる。
　それを打破するには、やはり全員を巻き込んでいかなくてはならない。
　列ごとに指名する方法であれば、みんなが指名されるとい

うのを実感できる。
　だから、全員、というのがポイントである。
　毎回の授業の、列で全員指名は難しいかもしれない。
　しかしながら、一日で全員を順番に回していく必要がある。

２．順番指名

　毎回列指名だと教室がだれるので、使うのが順番指名である。
　順番は、出席番号が一番メジャーで使いやすい。
　順番に当てることで、子どもたちに順番に当たるという耐性がつく。だから、順番というのがとても重要である。

３．意見交換指名

　これは、班などのグループで子どもたち同士が行うものである。
　道徳や学級活動などに用いる。グループ内で意見交換する時、子どもたち同士で指名させるのである。
　教師からの指名では答えない子どもも、子どもたち同士ならば自然と答えるということが多々ある。
　しかしながら、工夫がいる。
「座席で１番さんが今日は、指名してあげてね」
というように、場所を番号で指定する必要がある。
　そうでなければ、意見交換が積極的に行われない。
　また、同じ子ばかりが指名することにもつながる。
　だからこそ、番号により、指名する人を持ち回りさせる工夫がいる。
　そして、何より教師が日頃から共感的な態度で聞くお手本を見せる必要がある。教師が何よりのお手本である。

第1章 — 3

⑤カーストが見え隠れする教室での指名技

　教室にカーストが見え隠れする教室。このような状態のクラスになる理由は、次のようなことがあると考えられる。
〈弱肉強食の状態〉
　つまり、賢い子や腕力の強い子が教室を支配している状態である。
　このような場合、使う技は以下の二つである。

| 1 | 意図的指名 |
| 2 | 無作為指名 |

1．意図的指名

　ここでは、逆転現象が起こるような指名でなければならない。
　逆転現象とは、今まで勉強ができないと思われていた子が、脚光を浴びるような指名である。
　例えば、口に二画を加える授業。
　まず、子どもたちにできるだけたくさんノートに書かせる。
　その後、いくつ書いたか聞く。
　そして、最も多く書けた子を指名する。
　黒板に全部書かせる。
　ここからが意図的指名なのである。

教師は、あと一つ書き加えることができる人。
　このように聞いて指名していく。最後の最後に勉強が苦手だと思われている子を指名するのである。
　すると、最後に一つ書き加えることができた子は、一躍スターとなる。
　ポイントは、最後に指名するということである。
　これは、演出なのである。
　勉強ができないと思われていたあの子が！
　という状態に教室になる。
　これがポイントなのである。
　教室にある差別の意識を破壊するのである。
　当然、一回の授業では全て破壊できない。
　しかしながら、このように勉強が苦手な子を意図的に活躍させる指名を行うことで、そのような強固な差別意識を破壊することも可能である。

2．無作為指名

　無作為に指名することがなぜ、カーストが見え隠れする教室で効果的なのか。無作為に指名し、誰もがわかるように勉強を教えるから効果があるのである。
　勉強が得意な子も全くわからない子も。
　どのような子も、一応答えることができる。
　つまり、教室全体において勉強がわかっている状態の指名なのである。
　この指名を行うことによって、今まで答えられなかったあの子も答えているという状態を作り出すのである。
　そうすることで、カーストも自然と破壊される。

第1章 —3

⑥教室に分断の気配がある時の指名技

　教室に分断の気配がある教室。
　分断の気配とはどのような状態であろうか。
　それは、子どもたち同士が交流しない状態である。
　高学年になるとありがちな状態である。
　特に好きなものや考え方が違う、家庭環境が違う状況だと、より分断の気配が生まれやすくなる。
　この分断の気配をなくすには、どのようにすればよいのか。授業で意図的に交流させることである。
　授業では、半ば強制的に交流状態を作り出すことができる。
　このような場合、使う技は以下の二つである。

> 1　ペアワークでの指名
> 2　グループ指名

1．ペアワークでの指名

　この指名法は、どのような場合でも使える。
　教師は、次のように指示を出せばよい。

> これはとっても難しい問題だ。
> 一人じゃわからない。お隣の人と相談してごらん。

しかし、分断の気配がある教室である。
すぐに、"全員"が相談するとは思えない。
そこで、詰めの一言がいる。

> 相談してない人に答えてもらおう。

これで、相談が活発になる。
そして、活発に相談しているペアを指名するのである。
正解すれば、正解したことをほめればよい。
正解しなくても、積極的に相談したことをほめればよい。
世の中には、答えのない問題もたくさんある。
その時には、たくさんの人と交流してよりよい答えを導き出すことが必要になることを言う必要もある。
このようにペアワークをして指名する技がある。

2．グループ指名

多くの場合、調べたことを発表する場面で使う指名技である。
発表するということで、自然と交流が生まれる。
しかしながら、注意点がある。
学力の高い子だけが活躍する場合である。
そうならないようにするには番号による指名が有効である。
班の位置によって、1番さん2番さんなど決める。
そして、今日は1番さんがスライド作り。
2番さんは、原稿作り。3番さんと4番さんが発表係。
このように分担を変更させながら、指名する必要がある。
こうすることで、誰もが役割がある。
そして、わからない子はわかる子に聞きながら、自然と交流が生まれるのである。

Column

教師は視線で授業をマネージメントする

　気迫は、視線から発せられる。
　子どもの好き勝手を許す授業は、授業者が子どもを見ていない。
　子どもの方を向いてはいても、視線は床に落ちている。板書をしながら指示する教師がいる。発言させながら、板書をする教師もいる。
　子どもを見られない教師は、闘う前から負けている。子どもには、教師の視線から白旗が見えるのだ。
　例えば、子どもに一斉音読させる。私は、次のように言うことがある。
「読んでない人が3人いました。もう一度読みます」
　たったこれだけで一回目以上に大きくて歯切れのよい音読が教室に響く。
　この発言の効力は、「教師が子どもを見る」ことを伴っているからこそだ。
　子どもは、教師から見られていることを常に感じている。だから、「手を抜けない」という適度の緊張感を持つ。
　教科書を見ながら（板書しながら）これを言っても効果はない。
「自分はバレないだろう」と多くの子は思うのだ。
　教師が子どもを見る。これだけで、授業の空気は変わる。ピーンとなる。

〈 河田孝文 〉

第2章

指名の基本法則
発問・指名・ほめるサイクル作り

下窪理政

第2章 — 1

効果的な指名を行うための基本的な法則

　何より大事なのは、4月の初めに教師から、教室は間違うところだという話をしておくことである。これにより、子どもは安心して指名されて、発表することができるような心構えができる。教室にこの考えが浸透することで、安定した学級経営にもつながる。黄金の三日間で話しておきたい1つでもある。効果的な指名を行うための基本法則の大前提になる。

答えるまで粘る指導はNG

　指名して、答えるまで粘る指導がある。同じ発問を繰り返すことで、学級の中で勉強ができないとレッテルを貼られることになる。また、発表することが苦手な子どももいる。これは、前学年の担任から情報を集めておく必要がある。また、授業の中で、発表が苦手だと気付くこともある。引継ぎになくても、初めて男性の先生が担任になり、怖がる子どもがいること、転校してきたばかりで周りにまだ馴染めない子、障害などがあり発表が難しいこともある。まずは、誰しも指名をされて答えられるわけではないことを念頭に入れておくだけでも対応は変わってくる。「立っただけでもえらいよ」とフォローを入れるだけで、次回からの発表につながることもある。4月は、指名されて答えられるかどうかの実態把握も

十分に行いたい。

指名をする時の教師の明確さ

　指名をされて答えることができる児童ばかりだとしても、発問・指示の明確さがなければならない。答えようがないような発問では、挙手による指名さえできないこともある。発問・指示を明確にするためには以下のことに気を付けておきたい。

1　語尾が明瞭であるかどうか。
2　一番後ろの子どもまで声は届いているか。
3　教師の声は明るいか。
4　笑顔で指名しているか。

　もちろん、教師による教材研究の深さやベーシックスキルを備えておくことが必要になってくる。授業後、自分の授業を録音したり、映像に撮っておいたりして、常にリフレクションを意識することで、自分が指名して子どもが答えるまでに何が足りないかがわかる。今は、スマホの中にもボイスレコーダーの機能があり、アプリも多数あるので、インストールして活用できるから便利だ。1日の中で、1時間だけでも録音をして聞き流すだけで大きな効果がある。録音をしたものを初めて客観的に聞くことで、気付くことも多い。この作業をルーティーン化する習慣化も必要となる。

　基本法則として、6つのポイントがある。基本的な法則を使い、修正をしながら、指名をする時のポイントを身体化できるようにしていきたい。

基本法則①有名実践の発問・指示で構成する

　効果的な指名をするために、発問・指示の精度が求められる。発問・指示は、有名な実践を追試していく中で、学んでいくことが最も近道と考えられる。有名な実践は、多くの教室で追試され、洗練されたものである。向山洋一氏の「一回読んだら座りなさい」など、指名と指示がセットになっていることで効果を発揮する。どのような発問・指示が指名して、子どもの思考を促すかを実感のある理解を教師が経験できるようにしたい。

基本法則②授業初めは、誰でも発問で指名する

　授業の初めは、誰でも答えることができるような発問を用意したい。該当学年より、2つ下の学年を対象にしたものにしたい。導入の指名が思いつかなかった時には、「先生について読みます」など、音読で始めると誰でもできる。また、前時の復習から始まることもある。ここでは、全員指名をして、全体の理解度を把握することが大切になってくる。理解度によって、以降の授業プランを変更することができるからである。どちらにしても、時間をかけずに指名することが大切になる。

基本法則③発問→指名→ほめるのサイクルを回す

　発問・指示が決まり、指名をしたら、ほめることをしたい。指名されて、「答えてよかった」と子どもが思うことができるようにしたい。また、ほめ方も様々にあるので、いつも同じほめ方にならないように心がけたい。また、誤答の時には、「おしい」などのフォローを入れておきたい。積み重なれば、

指名されても答えることが怖くなる子どもも出る。

基本法則④指名は、個別か全員かを明確にする

指名する時に、個別に指名しているのか、クラス全体に呼びかけているのかはっきりしないことがある。個別に指名する時には、名前を呼んで指名をする。また、グループの時には、「〜はどうなのだろう。グループで話してごらん」と明言することが大切である。個別か全体かを示されないと、子どもたちは混乱をしてしまう。

基本法則⑤指名の方法は、最適な方法を検討する

指名をする方法は、様々にある。授業の場面、教科別、児童の実態を総合的に考えて、挙手がいいのか、ノート指名がいいのかなどを検討する必要がある。授業の構成の中で、最適なものを検討する必要がある。また、ICTの導入により、子どもたちの意見が見える化できるので、指名をする順番などにも生かせる。

基本法則⑥指名の偏りがないかに気を付ける

指名をする時に、答えられる児童にばかり指名しないように気を付けたい。指名の偏りにより、様々な問題が出てくる。授業の中では、指名をされないことがわかれば、授業に参加する意欲は激減する。また、学級全体の中で、学力が高い子、学力が低い子の差別構造が生まれる。指名を誰にしたかを確認する仕組みを整えておく必要がある。録音・録画をしたり、放課後に授業を思い返したりすることで偏りや指名の癖を修正していきたい。

第2章 — 2

指名方法の種類
～用語解説～

　指名方法には、様々な種類がある。
1章の中に一部紹介されているが、その他にもあるので付け加える。

指名方法	内容
挙手指名	教師が指名して、児童が答える指名方法。教室の中で一番使われる指名方法。挙手指名を繰り返すと、限られた児童しか発表できない。また、単調な授業になり、児童の授業への意欲が下がる。
順番指名	縦列や横列で指名をして、順番に児童が答える指名方法。列で指名をされることで、一人で発表するよりも心理的ハードルが低い。
ランダム指名	教師がランダムに指名し、児童が答える指名方法。ランダム指名では、その月の誕生日や○○が好きな人などで、ランダムに指名をする。緊張感のある場面を演出でき、授業の中で、集中して取り組むことが期待できる。
ノート確認指名	教師が、児童にノートを持ってこさせる。そのノートに書かれている意見を基に指名を意図的に決めていく指名方法。ノートを持ってこさせるので、一人あたり１０秒程度で、見ていくことが大切になる。

指名方法	内容
ペア・グループ指名	ペアやグループで考える時間を取り、ペア・グループごとに指名をする。グループ指名では、全てのグループを指名して発表する機会を設ける。話し合いした意見を、発表者がまとめて発表をする。グループの中で、学力上位の子どもの意見に左右されやすい。または、学力低位の子が意見を誘導されたり、考えなくても時間が過ぎるのを待ったりすることがある。
意図的指名	特定の目的を持って指名することで、特定の児童の成長を促進させる指名方法。意図的指名では、考えをノートやワークシートに書かせる。机間指導によって、クラス全体の状況や、児童の意見や理解度を把握する。学習課題に対して、低次の答えからだんだんと高次のものへと指名する指名方法。授業の目標達成ができるように、意図的に考えて指名をする。即時に意見を取り上げて組み上げるため、教師の意図に合った意見が中心に取り上げられる。
立場指名	発言のあった意見に対して、必ず（イエス or ノー）の立場を明らかにする指名方法。二項対立の問題で使うことが多い。道徳などのモラルジレンマなどの問題や討論などで活用されることが多い。立場が同じ仲間で、意見交換をし、考えを固めることができる。途中で考えが変わった時に、立場を変更できることを促すことで、授業が活性化する。
抽選指名	割り箸などに出席番号を書いておいて、それを筒に入れて、くじを引くように引き、そこにある番号の児童が指名を受ける方法。ランダムな指名になるので、緊張感が生まれる。また、くじ引きをするので、楽しい雰囲気を作り出すことができる。一方で、簡単に答えが出てしまい、授業の深まりが出にくいこともある。

指名方法	内容
座らせ指名	全員起立させて、自分と同じような発言をした児童がいたら、座るという指名方法。自分と似たような考えを言わなくてもいいので、心理的ハードルは低い。一方で、自分の意見を言うのが苦手な子は、自分の考えを持たず、そのまま座ってしまうことがある。
児童同士の指名	発言した児童が、次の発言者を指名できる指名方法。一度指名された児童は2回指名されることはないなどを決めることが多い。仲のよい友だち同士の指名になるためである。意見がランダムなので、授業の組み立てが崩れやすくなりやすい。
予告指名	事前に指名することを児童に知らせておいて、指名する方法。授業の準備に時間のかかる子や集中を切らしやすい児童には、有効な手立てである。
デジタルツール指名	アプリやソフトウェアを使ってランダムに指名する方法。出席番号などがランダムに提示されて、指名をするので、緊張感が生まれやすい。アプリなどで代用することもできるが、費用はかかる。
リターン指名	A・Bを指名して、Aが答えられなかったら、Bの解答を聞き、もう一度言う指名方法。答えられなかった子が再度言い直すことで、知識の定着を狙った指名になる。しかし間違ってしまって、指名をされることで苦手意識が出る児童が生まれる可能性もある。

指名方法	内容
オンライン指名	Zoomなどで、オンラインに入っている時に指名をする方法。考えをチャットボックスに書くなどして、指名をする方法。オンライン授業では、考えが分からないので、チャットボックスに書いたり、画面に向かって挙手させたりする方法が必要になる。
提出物指名	ロイロノートやClassroomなどで、意見や提出物などを出して、その中からピックアップして指名をする方法。
デジタル黒板指名	デジタル黒板に指名をして、考えを書く指名方法。デジタル黒板に書くだけなので、指名のハードルが低い。書きたい児童も多いので、当てる機会を平等にしたい。
自由発言	指名なしで自由に発言させる指名方法。向山洋一氏によって提唱された「指名なし音読、指名なし発表」のことである。短時間で、全員の指名をすることができる。繰り返すことで、発言耐性をつけることができる。

第2章 —3

指名タイミングの適切な選択方法

　指名タイミングをどのように選択するかは、以下のことを考慮しながら行いたい。

1　授業の導入・展開・終末のどの場面か
2　児童の実態はどうなのか
3　発問が、拡散・収束のどちらの性格があるのか
4　ICTを使う時の指名の選択はどうするのか

　様々にある指名の種類もどのような選択をするかで授業の成否に関わる。

1 授業の導入・展開・終末のどの場面か

　指名の種類を学習過程ごとにカテゴライズする。原則的な分類なので、例外も存在する。

授業場面	指名の種類
導入	挙手指名　順番指名　ノート確認指名 ペア・グループ指名　意図的指名 くじ引き指名　予告指名　複数指名 デジタルツール指名　リターン指名 オンライン指名　自由発言

授業場面	指名の種類
展開	挙手指名　順番指名　ランダム指名 ノート確認指名　ペア・グループ指名 意図的指名　立場指名　座らせ指名 児童による指名　予告指名 オンライン指名　複数指名 リターン指名　提出物指名 デジタル黒板指名　自由発言
終末	挙手指名　ランダム指名 ノート確認指名　意図的指名 予告指名　提出物指名　自由発言

　分類をすることで、導入では、時間をかけるような指名は適さないこと、展開では多様な意見を出すことができたり、考えを深めたりする指名を選択する必要がある。終末では、学びを振り返ることを短時間で行える指名が選択される。授業の組み立て・教科の特性に合わせて、教師の選択がされる。いつも同じような選択ばかりをせずに、多様な指名方法を選択し、熱中する指名の組み立てを作りたい。

2 児童の実態はどうなのか

　児童の実態によっても、指名は変わってくる。指名をする順番にもロジックが必要になる。まずは、発表が苦手な子どもがいないかを確認しておく。発表を極端に怖れている子もいるので、授業の中のどこかで発表できればいいなあという余裕を持った心持ちで臨みたい。指名をされて答える方法は、発表だけではない。ノートに書かせる、タブレットで提出するなど様々である。今年、1年生を担任している。発表をす

る前に泣き出してしまう子がいる。その子には、電子黒板に答えを書かせることをさせている。これだと指名を受けても、楽しそうに書いている。発表をしているという意識にはならないのだ。教師に、指名されて発表する時は、必ず答えを言うという前提を壊すことも大切な視点になる。

　一方で、発表をしたがる子もいる。発表をしたがる子は、何度も手を挙げるが、その子ばかりの指名になり、周りの子は当てられずに不満を抱えることになる。バランスよくクラス全体に指名をしていきたい。

　また、発達障害の児童もいる。ADHD傾向の高い児童なら、導入で真っ先に指名をさせて、巻き込む。ASD傾向の児童なら、無理せず、発表できるまで待つなど障害の特性に合わせた指名が効果的である。

　指名をする時は、作業指示を伴って指名をしたい。書かせる、読ませる、手を挙げさせるなどをセットにするだけでも指名されて答えることがスムーズになる。

3 発問が、拡散・収束のどちらの性格があるのか

　発問と指名はセットになっている。意見をたくさん言わせ

発問の種類	指名の仕方
拡散型発問	挙手指名　順番指名　ランダム指名 くじ引き指名　ペア・グループ指名 児童による指名　自由発言
収束型発問	挙手指名　順番指名　予告指名 ノート確認指名　ペア・グループ指名 デジタルツール指名　立場指名 複数指名　意図的指名

たい拡散型の発問を伴った指名か、意見をまとめる終息型の発問を伴った指名なのかを考慮して指名をしたい。

拡散型指名は、性格上多くの発言が必要になる。多くの発表をさせる時には、指名なし発表を多用するとよい。多くの意見を収集できるだけでなく、子どもの発表への耐性をつけることができる。

収束型指名では、思考の整理が前提になる。考えをまとめる時に使う。まずは、ノートに書かせて自分の意見を持たせることが大切である。自分の考えが、変わったりするからである。どちらも、教師の意図に合わせて、指名の仕方を最適に選ぶ必要がある。

4 ICTを使う時の指名の選択はどうするのか

ICTを使う時の指名には、十分に友だちの考えを見たり、検討したりしてから、指名を行いたい。ロイロノートの共有ノートやJamboardなど、考えがたくさん出てくる時には、意見を読ませる時間を取りたい。

また、オンラインでは、指名をして一斉に読ませるなどすると、タイムラグが起こる。揃わ

なくても笑顔で進めることが大切である。また、指名が偏らないようにギャラリービューを効果的に使いたい。

第2章 — 4

指名後のフォローアップ

　指名後は、フォローをすることで、子どもたちの発表の意欲を高める効果がある。ただ、同じようなフォローをすれば、意欲は下がってしまう。

　指名後のフォローは、どのように変えればいいのか。

まずは、授業の場面で考える。

　導入では、授業で指名をしてほめるを繰り返して、授業に巻き込み感を出したい。導入では、短くフォローを入れるようにしたい。「さすが」「すごい」などで、リズムとテンポを落とさないようにフォローを入れていきたい。さらに、導入では、学習が困難な児童を指名し、フォローを入れることで、授業にエンジンをかけることができる。

　また、展開では、子どもたちはじっくり練った考えを指名された時に発表する。指名された後のフォローは、「～をよく考えたね。すごい」という文型を使う。考えたことをほめて、ほめ言葉を重ねる。谷和樹氏の授業の中では、度々出てくるフォローである。加えて、表情・声にも気を付けて、笑顔で、「すごい」などのほめる言葉を明るくはっきり言うことにも気を付けたい。

終末では、発表できなかった子へのフォローをしたい。考えていても、言えない子もいる。ノートを持ってこさせて、○をつける時に一言ほめることも大切である。

次に、1年間の時期について考える。

　1学期の最初の出会いの時期のフォローで気を付けたいことは、発表することが当たり前ではないことである。新学期に、子どもたちは前年のことを払拭し、新しい気持ちでスタートを切る。指名されて発表することに抵抗のある子どもも全てを変えようとして、初日を迎える。新しい担任の先生に、ほめられたいと考える。河田孝文氏は、「新学期には、ほめてほめてほめまくる。ほめる時に、本当に凄いって思うんだ」と言う。このマインドセットを持って、新学期のフォローに取り組みたい。

　また、谷和樹氏は、「～っていう考えを先生初めて聞いたな。すごいなあ」「～っていう○年生と初めて会ったなあ。凄いなあ」というフォローを入れている。

　出会いに向けて、河田氏のマインドセットと谷氏のフォローの文型を何度も反芻し臨みたい。

　2・3学期では、口頭でのフォローだけでなく、ノートに書かれていることをほめるようにフォローを入れたい。様々な教科で、ノートをまとめたり、新聞に書いたり、タブレットに打ち込んだりしたものが出てくる。そこに、フォローをするコメントを入れておきたい。

　他にも、フォローは間接的にも入れることができる。目線でほめを送ることや、うなずくことなどもできる。フォローは言葉だけではないことも意識したい。

Column

目線・目配りは訓練できる

　子どもに指示を出す場面。子どもは作業をしている。「鉛筆を置きなさい」でほとんどの子は鉛筆を置く。しかし、置かない子がいる。

　子ども全員が視野に入っている教師は、鉛筆を置かない子が必ずわかる。「鉛筆を置きなさい」と再度指示を出して全員に徹底させる。
「目の前の子どもに学力をつける」ということを最優先しているのだ。

　子どもを見られない教師は、その子に気づかないで話を進めてしまう。子どもの学力よりも「授業の進度」を優先させている。余裕がないのだ。

　教師は、視線で授業を支配する。もちろん、それは十分な授業の準備に支えられたものでなければならない。ニセモノはすぐ見破られる。

　教師の視線は訓練でよくなる。

　まずは「一番後ろの右端と左端を見る」練習をする。そうすれば、全員が視野に入る。

　慣れてきたら、一人一人の子どもの目を見る練習をする。全員の目を見るのではない。数名でいい。こちらを向いている子と視線を合わせる。やってるうちに視線が合う子が増えてくる。

　できるようになったら、こちらを向いていない子を見つける練習をする。探すのではない、瞬間的に判断するのだ。

〈 河田孝文 〉

第3章

学年による指名の仕方のポイント

田中稜真

第3章 —1

低学年における指名の活用例

　低学年は、「はい！はい！」と盛んに手を挙げ発表する。
　そのため、指名そのものを促すのではなく、指名に何かしらの教育的効果を付加することが意義深い。
　具体的には、次のような指名の方法が考えられる。

| 1　学習規律を促す指名 |
| 2　学級集団の発展につながる指名 |
| 3　望ましい人間関係をつくる指名 |

1．学習規律を促す指名

　基本的な学習規律と言えば、何が思い浮かぶだろうか。
ア．学習用具の準備。
イ．授業を受ける姿勢。
ウ．時間に間に合った行動。
　様々考えられるだろう。
　そうしたことを守れている子を指名するのである。
「教科書をきちんと持って読んでいた○○さん」
「真っ直ぐな姿勢で話を聞いている△△さん」
「次の授業が始まるまでに準備を済ませた□□さん」
　このように、具体的な学習規律を伝えた上で指名する。
　低学年なので、指名されたいという意欲が高いため、自ずと学習規律を意識するようになる。

この方法は、指名＝ほめられたということにもなるので、指名された子にとっても喜ばしいことになる。

2．学級集団の発展につながる指名

　端的に言えば、「クラスのために行動した子を指名する」ということである。
　自主的に机を運んでくれたことや、プリント配りを手伝ってくれたことなど、子どもたちの自主的な取り組みをした子を指名するのである。
　低学年は、教師のために進んで手伝いをする傾向が高い。
　低学年の、献身的な姿勢を指名に活用するのである。
　この指名もクラスのための行動を波及させることにもつながる。

3．望ましい人間関係をつくる指名

　低学年は思ったことをすぐに言葉として発したり、感情的な言動を行ったりするため、何気ない一言がきっかけでトラブルになることも多い。
　指名を活用して、トラブルの防止を兼ねるのである。
ア．「いいよ」や「ありがとう」などの温かい言葉。
イ．掃除や給食準備における協力の姿勢。
ウ．授業や休み時間において友だちを称賛する言動。
　教師が普段の子どもたちの様子から見取った、望ましい人間関係の助長につながる子を指名するのである。
　手やバインダー等にメモしておくとよい。
　もちろん、「かけっこで『がんばれ』と応援していた〇〇さん」と、具体的な取り組みを述べた上で指名を行う。

第3章 — 2

中学年における指名の活用例

　中学年は「ギャング・エイジ」といわれている。

　そのため、同性の気の合う者同士のグループを作る傾向にある。また、自分以外のことにも目を向け始めるため、他者と自分の比較を通して、自身の身体的、学力的な優劣を意識し始める時期でもある。

　そのため、低学年のような画一的な積極性は減退し、進んで発表する子と、発表に消極的な子に分かれ始める。このことから、指名することによって誰とでも協力する姿勢が身についたり、発表が苦手な子も安心して取り組める等の教育的配慮を行ったりすることが重要になる。

　具体的には、次のような指名の方法が考えられる。

1　ペア・グループ活動を促す指名
2　複数名で同時に答える指名

1．ペア・グループ活動を促す指名

　意図的に複数名の活動をさせた後に指名する方法である。
ア．隣同士（グループ）で記述の確認や答え合わせ。
イ．隣同士（グループ）で気付きや感想を伝えあう。
ウ．隣同士（グループ）で意見をまとめる。
　具体的には、上記のような活動である。
　こうした活動を行った上で、指名を行うのである。

これにより、次の効果が期待できる。
①ペアやグループで協力する習慣が身につく。
②内容の確認ができるため、安心して発表できる。
「頷きながら話を聞いていた〇〇さん」
「相手の意見を付け加えて書いた△△さん」
「グループでリーダーシップを発揮した□□さん」
　このように、集団形成として望ましい行動を取っていた子の、具体的な姿を伝えた上で指名する。
　教師が広めたいと思った姿を波及させる足がかりとしても機能させるのである。協力をしなかったり、発言しなかったりする子が出てくる場合もある。
　そのため、「やってなさそうな子を当てます」と予告した上で当てる、緊張感を活用する方法も有効である。

2．複数名で同時に答える指名

　計算や漢字の画数等、回答に時間がかからない内容を、複数名で同時に答えさせる方法である。
例えば指名の方法として、「列の全員」や、「グループ」、「出席番号の〇番まで」などがある。メリットは、2つである。
①複数名いるため、間違えても目立たない。
②正しい答えをもとに、すぐに修正ができる。
　発表を通して間違いに気付くことも、往々にしてある。
　この場合、プライドを傷つけてしまうことがあり、ともすれば学習に対する意欲を減退させることにもなりかねないが、この方法ならばそのリスクを回避できる。

第3章 —3

高学年における指名の活用例

　指名の方法に入る前に、「高学年としての発達段階がどのようなものか」ということについて触れる。

　後に詳しく記述するが、低学年・中学年と比べ、高学年の段階において、教師が適切な指名の方法を適用できなかった場合は、学級集団の質や、学級経営にも影響を及ぼす可能性があるためである。このことを踏まえた上で、高学年における指名の活用について考えてほしい。

　高学年は思春期にさしかかる学年である。この段階では同性同士の集団をつくる傾向が強いことはもちろん、一人一人の学力差・学習に対する姿勢の差も顕在化する。また、自我の芽生えも著しい。この発達段階にさしかかると、授業の中でも次のような特徴が表れる。

①発表する子と発表しない子の二極化。
②指名されることに対する反発。

　思春期という発達段階なので、集団に対する帰属意識が更に高まるとともに、「他者から自分はどのように見られているのか」ということも考えるようになる。挑戦意欲よりも、自己のプライドを落とさないようにするために、「みんなが見ている中で、失敗をしたくない、失敗を見られたくない」といったリスク回避の考えが上回るようにもなる。

　上の項目で挙げた②の特徴は、こうした意識から生じるリスク回避思考の表れの場合が多い。具体的には、教師の指名

に対して、以下のような反応を取る傾向がある。
① 「ええー」「なんで私が」などの不満の言葉を漏らす。
② 「わかりません」と即答し、自分の番を切り上げる。

　指名の際にこうした反応が蔓延してしまうと、学級の雰囲気悪化や、学習意欲の低下にもつながってしまう。特に男性教師の場合、女子に対する迂闊な指名は命取りである。

　では、どのような指名を行うのか。高学年の指名において大切なポイントは、次の３つである。

> 1．不満のベクトルが教師に向かない指名
> 2．安心して答えられる指名
> 3．予告を用いた指名

1．不満のベクトルが教師に向かない指名

　教師が意図的に指名するからこそ、「なぜ自分なのか」という不満が教師に向いてしまうのである。

　何らかの理由により、偶然自分が当たってしまった。

　という状況を作れば良いのである。これならば、指名に対する不満は教師の方に向かずに済む。具体的には、次のような方法が挙げられる。

ア．抽選箱等の道具を活用したランダムな指名。
イ．日付を活用した機械的な計算による指名。
ウ．日直や当番を起点に、順番に当てていく指名。

　アは、引いた番号の子を指名する方法である。
　イは、例えば本日の日付が９月３日とすると、
例１．日付の数字である９番と３番を指名。
例２．９＋３あるいは９－３の12番と６番を指名。

例3．9×3あるいは9÷3の27番と3番を指名。このように、日付をもとに、該当する番号を指名する方法である。

ウは、日直や当番の子を起点として、列に沿って順番に指名したり、日直や当番の子から出席番号順に指名したりする方法である。先に述べたアやイと併用活用することもできる。

これらの方法を用いることにより、

自分が指名されることに対する理由付け

が生じるため、納得させることができる。

これにより、教師に対する「ええー」や「なんで私が」などの不満を防ぐことができる。

2．安心して答えられる指名

ア．列全員やグループ全員などの複数名で答えさせる。
イ．「賛成」「反対」などの2択で答えさせる。

1で述べた偶発的な方法で指名したとしても、指名された子にとって発問の内容が難しかったり、答えづらかったりする内容であれば、「わかりません」と切り上げられるか、指名に対する不満、自尊感情の低下を招いてしまう。

アの方法を活用すると、同時多発的に答えが出るため、間違いを紛れさせることができる。また、間違えている子の考えを修正することもできる。高学年のプライドに配慮した形で、無理なく指名することができるのである。

この方法は、以下の内容を指名する際に有効である。

A．漢字の答え、読み仮名などの文字についての回答。
B．計算や単語などの短い言葉による回答。

余程難しい内容でない限り、列やグループで答えさせれば、一人くらいは正答する。「そう、正解は〇〇です」と教師が言っ

て、できたことにしてしまえばよい。

　子どもたちが指名に答えた体となり、間違いを目立たせない配慮もできる。

イの方法は、以下の学習で用いることができる。

A．討論における立場の決定。

B．学級活動や道徳授業における自分の考えの表出。

　2択のため、どちらかを選ぶだけでよい。これならば、学力差関係無く、誰でも答えることができる。発表を苦手と感じている子に対して、「しっかりと意見を伝えることは大切ですね」とほめることもできる。高学年特有の、発表する・発表しないの二極化を緩める効果的な方法である。

3．予告を用いた指名

「皆さんは高学年です。学校の手本の立場として、前に立って話をしたり、指示を出したりする機会が、必ずあります。前に立つ機会は、突然やってくる場合もあります。その時に備えた練習として、授業の最初に誰が発表するか、先生は予告することがあります。発表はどんな授業でも、「賛成」「反対」などの一言でも構いません。発表に慣れることが大切です」
と、発表の趣意説明を行った上で、こちらから指名をする場合があるということを事前に伝えるのである。

　事前に趣意説明を行っているため、指名に対する反発を抑えることができる。また、「指名される」という緊張感が、授業に対する集中を促すことにもつながる。

　もちろん、この場合は予告した相手が答えられる範囲のものを指名することが大前提となるので、注意が必要だ。

Column

すぐにキレる子

　十年以上前のこと、トラブルが絶えない子がいた。

　その子は、友だちの些細な言動にすぐ腹を立てた。職員朝会の時、その子の絶叫と泣き声が校舎内に響き渡った。休み時間は、友だちに関する訴えのため職員室に現れた。日毎にその頻度は高くなり一学期末には、毎回という状態になった。

　やがて、彼は授業中に教室を飛び出しはじめた。友だちの言動に腹を立てたのである。

　最初は追いかけなだめていた担任も、手が負えなくなった。その子だけに関わっていると他の子の授業がおろそかになる。その子の対応は管理職が代行するようになった。

　授業中、校内を徘徊する彼をよく見かけた。大抵、下足箱や階段の隅にうずくまっていた。

　彼は、学校を飛び出し始めた。担任は必死で追いかけなだめる。週に何度も起こった。

　教室・学校エスケープの次は物にあたるようになった。腹を立てると、筆箱を投げつける。鉛筆をへし折る。ノートを引き裂く。やがて対象物は、自分の持ち物から学校の備品へと変わっていく。

　かんしゃくを起こした彼は、パソコン室のコンピュータ本体を床に突き落とした。

　担任に相談され事態の深刻さを察知した校長は、保護者に来校してもらい、学校での様子をありのまま話した。

　その後、どうなったか。事態はほとんど変わらなかった。

　そして、その子は、現状維持のまま学年末を迎えた。

　次年度、その学級を私が引き継いだ。

〈 河田孝文 〉

第4章

ICT活用で指名をどう変えるか

内藤恵子

第4章 ― 1

ICT機器を活用した指名方法

　学級には様々な児童がいる。積極的に発言するクラスであればよいが、なかなかそうはいかない。まず「ICTを活用した指名方法」を考えるのに以下のクラスを設定した。

指名を嫌がり消極的な発言をする子が多いクラス

　そして、初歩的なICTの技能を使うことで「積極的になる子が増える学級」を目指した提案にしたい。また、「ICTの力」と「人の感性や技能」をコラボする視点に立って指名方法をまとめる。

　以下のように進める。

1　リアクションやチャット機能に託せること
2　オンライン・教室で行うスプレッドシート
3　ICTと人の協働作業の有効性

1．リアクションやチャット機能に託せること

　指名されて発言することに消極的な学級では、表現のハードルを低く設定することが大切になる。指名が嫌になる体験がこれまでにあったはずだ。その体験を取り除く手立てを取り入れる。

　リアクションは、最適な機能だ。自分の意見を匿名で表現できる。しかもボタン一つで。指名されるプレッシャーを感

じず授業に参加できる。絵文字やスタンプを使って自分の気持ちを伝えるのは、言葉よりも簡単で授業への参加意欲も高まりやすい。

配慮事項もある。例えば「理解した」「もう一度説明してほしい」は、どのスタンプなのか、適切にリアクションを使えるよう具体的に説明すること。どのリアクションも尊重し、否定的なリアクションも受け入れ、改善のためのフィードバックとして活用することなどだ。そのためには、いくつものコメントの引き出しを持っておくことだ。

チャット機能も指名を嫌がる児童に参加しやすい学習環境を作ることができる。対面で話すことなく意見や質問を共有できる。チャットに載った内容は記録として残るため、後で見返すこともできる。これにより、授業内容の復習が容易になる。

注意事項もある。チャットの使い方のルールを明確に伝えることだ。書き言葉を使うことや他者を尊重することもルールとして設定する。

指名を嫌がるクラスだからこそ、留意すべき「発問・指示の組み立て」がある。

ア　初めは誰でも答えられる内容にする。
　　（易から難への発問指示）
イ　二者択一で同じ答えが何人もいる発問をする。
ウ　どんな解答も認めるコメントをする。

例えばチャット機能を使って答える際、「〜なら①、〜なら②と打ち込みましょう」と二者択一を指示する。子どもたちは、多くの文字数を打ち込まなくて済む。自分と同じ答えの仲間がいるから安心して投稿できる。わからなくても、友達の打ち込みを見て答えることで参加できる。

リアクションもチャットも答えるハードルを低く設定できる。有効なICT活用にできるのは教師だけだ。クラスの実態を把握できるのは教師だけだ。誰でも答えられる「初発問」を意識すべきだ。

2．オンライン・教室で行うスプレッドシート

同時に感想や意見を述べたり（打ち込んだり）、学級全体の傾向を知るのに、スプレッドシートがとても便利だ。一人一言ずつ感想を述べると、全員の発言が終わるまでに時間がかかる。難語句が多い教材では、一人の子が幾つもの語句を調べるのも嫌がるだろう。

スプレッドシートは、一度に匿名で共同編集ができる。「指名されたら発言する」と思い込んでいる子どもがいるだろう。新たな「指名アプリ」とでも言えそうだ。

右図は難語句の多い教材をスプレッドシートにまとめたものだ。一人一

語の担当にすれば、短時間で全ての語句が調べられる。空白が埋まり子どもは学級での共同作業や編集のよさを実感できる。協力して学ぶ機会になる。

　算数や理科の授業では、一人ずつ（またはグループごと）子どもがデータを入力すると即座にグラフに変換することもでき、視覚的に理解する機会にもなる。単元学習後の振り返りもスプレッドシートに打ち込むとグラフに変換してくれる。

　匿名で感想を打ち込めるので、指名や発言を嫌がる子にとって安心して取り組める。加えてクラス全員の感想も知ることができる。オンラインでも教室の授業でも容易に使え、幅広い用途がある。

3．ICT と人の協働作業の有効性

　ICT を活用することで、情報の整理、収集、共有が速く効率的にできる。反対に ICT にできないこともある。整理された内容に対して、その場に適したコメントをしたり、抑揚のある声を発したり、ジェスチャーを添えて伝えたりすることだ。ICT 一辺倒ではなく、人との協同作業でよりよく創造していくことが大切になる。

第4章 —2

ICT機器を活用した指名の効果

4-1を踏まえ、クラスの設定を以下にする。

指名を嫌がり消極的な発言をする子が多いクラス

「ICTの力」と「人の力（感性や技能）」をコラボする視点に立って「積極的に発言できる子が増える学級」を目指す。ICTを活用した指名を取り入れることで、「相互の」「双方向の」授業が深まり、いくつかの効果が考えられる。

1　個別学習の強化
2　協働学習の促進
3　理解の保障
4　参加意欲の向上

1．個別学習の強化

　ノート提出を写メにする。同じ授業内容でも児童によって捉え方は違う。自分の考え、友だちの意見、疑問点、調べたことなどをノートに書いて提出する。写メでの提出は教師の手間が省ける。個々の児童の学習状況がわかる。個々への返信により的確な個別指導ができる。図はTEAMSの返信画面だ。提出した児童のノート画面に返信欄がある。時折、よいノートを全体に示し、参考点を隣同士や全体に発言する機会を設ける。取り上げられた児童は自信が付き、他の子もやり

方がわかるし、発言することで交流ができる。

2．協働学習の促進

　4-1で示したスプレッドシートはこれまでの時間を短縮する協働学習に最適だろう。特に、指名に消極的なクラスでは、意味調べを分担して取り組ませたり、正解の無い意見交換の場としたりしてはどうだろう。例えば、「暑い日に『鍋焼きうどん』と『ちゃんぽん』では、どちらを食べるか、また、その理由も打ち込んでごらん」など、取るに足らない質問をする。子どもは安心して取り組めるだろう。また、ユニークな意見も出てくるかもしれない。その過程を通して指名に対して発言しやすい和やかな雰囲気の集団作りをする。集約されたスプレッドシートの意見は、更に意見や感想を交換できる素材になる。

　スプレッドシートの活用は、短時間の協働学習を可能にしてくれる。

3．理解の保障

　板書事項をノートに書き写すのが苦手な子はどのクラスに

もいる。苦手な子は、書き写すのが遅かったり、写すのを嫌がったり（見方によっては面倒がって）する。遅い子は書き写すのに集中して、教師の発問や指示が聴き取れない状況に置かれていると考えられる。

次のような事が予想できる。「視覚で捉えた物を手作業に変える協調動作」が他の子より遅い。「目で見た物を記憶しておく時間」が短く忘れやすいといったことだ。自分でも表現できない「視覚認知」の困り感を持っているだろう。

その困り感を助ける手立てが「ICTの活用」だ。視覚認知が低い子は、通分・約分といった計算の手順や実験の段取りなど、すぐに忘れてしまう。

自分のノートでは何を書いているのかわからない子もいるだろう。多くの教師が出会ってきたのではないか。

根本の原因が視覚認知機能と予想できれば、機器をうまく活用すればよい。学習記録として、手順を示した内容を全員に送ればよい。

繰り上がり計算の手順を例に示す。

【視覚資料】	【聴覚資料】
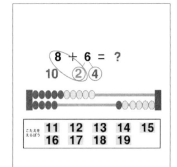	① 8＋6の計算 ② 8は、あと2で10 ③ 6を、2と4に分ける ④ 8＋2は10 ⑤ 10と4で14

計算のやり方は教科書に載っているはずだ。更なる学習保障にICTを活用する。

　「20玉そろばん」を使った計算の手順を前ページに例示した。どのように計算をしたのか、目からの情報として授業記録を子どもに送る。（視覚刺激）加えて、何と唱えて計算をしたのかも送る。（聴覚情報）

　全員に復習用として一緒に送る。この授業記録があれば、「9＋5」等、他の計算もやり方がわかる。送られた手本を見ながら復習できる。

　ここまでできて「指名」につなげられる。繰り上がり・繰り下がり、通分・約分などの計算の手順は、その後の算数（数学）の学習に大きく関わる。その子の自尊感情を育てると考えても過言ではなかろう。だから、指名して安心して答えられる環境を作りたい。

　計算の手順は、何度も授業中に繰り返して言わせる学習作業だろう。送った資料を見ながら全員に言わせる、数字を変えて全員に言わせる。数字を変え、隣の人同士で言い合わせる。数字を変え、個人指名で学級の中で言わせる。できる保障をして全体の中で指名する。

4．参加意欲の向上

「指名を嫌がり消極的な発言をする子が多いクラス」は、失敗せずに発言できる環境が土台となるはずだ。ICTばかりに頼るのではなく、「ICTと人の双方の良さを取り入れた学習」を目指してこそ、子どもの参加意欲は飛躍的に向上するに違いない。

Column

味方になる

　教師としての信条にぶれはなかった。
　授業こそを大切にする。
　彼は、文字を書く作業が大の苦手だった。しかし、発表は大好きだった。討論の授業でたくさん発言し論争した。発言数に関してなら、学級でトップレベルである。
　討論の後、全員に感想を書かせた。
　回収したノートには彼のことがたくさん綴られている。
　朝の時間、それを学級で読んでやる。
「Ａ君は、たくさん発言してすごいと思います」「私もＡ君のように発言できるようになりたいです」「Ａ君を目標にします」
　彼は、照れくさそうな、しかしとってもうれしそうな笑顔だった。
　討論に限らず、このような場面を何度も作った。事実を取り上げてほめつづけた。
　ある日の休み時間、彼は自由帳に絵を描いていた。始業のチャイムが鳴ってもそれを続けた。男子がそれを注意する。
　瞬間、彼はノートを床にたたきつけ、いすをけり倒した。そしてその足で、教室後方まで行き、泣き顔で叫んだ。「なんでおればっかり言うんか」教室の空気が張り詰めた。
　私は、ゆっくり彼のもとへ行き、後ろから抱きしめた。そして、教室前方へ連れて行き子どもたちに次のように話した。
「みんな、Ａ君は確かにすぐ怒る。新しい学年になって、それを直そうと一生懸命がんばっている。でも、すぐに直るもんじゃない。だから、直したいというＡ君の気持ちをわかってあげなさい。」
　彼はかなり落ち着きを取り戻していた。私は、彼に言った。

〈 河田孝文 〉

第5章

指名の活用例
「よい学習活動モデル」を「指名」する

平松英史

第5章 ― 1

国語「音読」における指名の活用例

1．音読のねらい

　学習指導要領国語科の【知識及び技能】の内容には、「音読・朗読」に関する内容が整理され、系統的に示されています。

	第1学年及び 第2学年	第3学年及び 第4学年	第5学年及び 第6学年
音読、朗読	語のまとまりや言葉の響きなどに気を付けて音読すること。	文章全体の構成や内容の大体を意識しながら音読すること。	文章を音読したり朗読したりすること。

　これらのねらいに沿って、国語科の音読は行われます。

2．指名の前に教師がモデルを示す

　指名して音読させる前には、教師がモデルを示す必要があります。例えば、低学年ならば、「語のまとまり」がわかるような音読です。

　滑舌よく音読する、句読点で句切るなど教師が意識しながら読んであげます。その際の方法が、「追い読み」です。

　指示は、次のようにします。

> 指示 （先生の後に）ついて読みます。

（先生）吾輩は、猫である。
（子ども全員）吾輩は、猫である。
というように、先生がまずモデルとなってお手本を見せます。
　学級の子どもたちの音読のうまいへたは、教師の音読の力量に規定されます。
　モデリング理論（Bandura, 1977）という研究があります。他者の行動を「観察し模倣すること」で学習が促進されるという理論です。
　追い読みは、教師の音読を聞き、それを模倣してやってみるから音読の技能の習得が促進されるのです。

3．音読場面での指名の活用

　ここでは、よい子をモデルにして、それを広めるということです。モデルの例を挙げていきます。

(1) **姿勢よく読んでいる子**
　　姿勢は、最初は指示しないとイメージできません。
　　おそらく教師は、立って音読しているでしょう。
　　そこで、「追い読み」をしながら指示していきます。
　　①読む時は、両手で持って読みます。
　　②読む時は、足の裏を床につけて読みます。
　　③読む時は、背筋を伸ばして読みます。
　　この3点が、評価基準になります。
　　まずは、評価基準を子どもたちに示しましょう。
　　すると、あとは、この評価基準に沿って、モデルになる子を指名していきます。

「〇〇さんの背筋が伸びてる」
「〇〇さん姿勢がよい」

(2) 読み方が上手な子

読み方が上手な子は、モデルとしてどんどん指名してほめていきます。

①張りのある声で読んでいる子

学年の最初、出会いから３日間は、子どもたちもどのような音読がよいのかわかっていません。

よい音読を規定して、それをほめて続けさせていく必要があります。

活気のある教室からは、張りのあるそろった声の音読が聞こえてきます。

その中でも、はっきりと声が聞こえてくる子をモデルとして指名します。

「〇〇さんの声がよく聞こえる」
「〇〇さんの声がはっきり聞こえる」

②滑舌よくはきはきと読んでいる子

大きな声と同じくらい相手に聞こえる滑舌の良さは大切です。

指名してしっかりほめます。

「〇〇さんは、はきはきしたしゃべり方が良い」
「〇〇さんの声がはっきり聞こえる」

そして、どうしたらそのような読み方や声になるのか、やり方のモデルを指名します。

「〇〇さんの前歯がしっかり見えている、みんなも歯を見せて読むのですよ」

「〇〇さんは、語尾をしっかり切っていてよい。。(句点)

のあとは、口をしっかり閉じる」

滑舌よくはきはきと読ませるコツは、前歯を見せることと、句点のあとに、口を閉じる（語尾を伸ばさない）ことです。

③自分の壁を破ろうとした子

普段おとなしい子、声が小さい子が、自分の壁を越えようとした時があります。

その場面は、しっかりと見取ってほめてあげましょう。

「○○さん、読んだね。ばっちり」

「○○さん、口が動いている」

「○○さん、立って読もうとしたね」

苦手な子が、頑張ろうとしたよさを学級に共有したいですね。

4．その他の指名活用

多動気味で元気な子（黙って話が聞けない子）は、追い読みの先生役にして、モデルにすることもあります。元気な子が読んでそのあとに、みんなが読みます。多動な子は、動いていれば安定します。そして、結構上手なことが多いのです。

第5章 —2

算数「端末活用」における指名の活用例

　端末を使って行う学習を、個別学習と協働学習に分けて考えてみましょう。

　それぞれ、「モデル」にして、指名する児童、場面が異なってきます。

1．個別学習時

(1)　ドリル課題に取り組んでいる時

　ミライシードなどのドリル系ソフトウェアでは、学習状況を把握することができます。

　そこで、学習状況の画面を開き、プロジェクタに写し、次のような児童をピックアップします。

- ・長く取り組んだ児童
- ・たくさん取り組んだ児童
- ・正答率が高い児童
- ・間違いを解きなおしている児童

「一番長く取り組んでいるのは…○○さんです」

「たくさん取り組んでいる人、ベスト3を発表します。第3位○○さん、第2位○○さん…」

「○○さんは、数は関係ないけど、とにかく解いた問題が正解していますね」

など、指名してアナウンスしてあげると、その児童がよいモデルになります。

その児童の姿を通して、「継続的に取り組むこと」「間違いを直すこと」などを学級に浸透させていきます。

問題をこなす「速さ」や「量」だけでなく、「解きな

おし」をきちんとしている児童、ゆっくりだが正答率が高い児童についても指名して評価してあげましょう。

そうすると、周りの子の取り組む姿勢が変わってきます。

(2) 課題に個別に取り組んでいる時

2年生、身の周りにあるものが、数の大きさを表しているかどうか分ける課題です。

この場面でも様々な視点で指名することができます。

端末を利用しながら個別に学習に取り組んでいる時には、「実況中継」してあげましょう。

その子の画面をプロジェクタに示しながら行います。

・すぐに動かしている子には、

「○○さんが、先手をきって動かしました」など、早く動かしたことをほめる視点で指名します。

・全然動かしていない子（学習に参加できない子）がいる時は、

「○○さんは、車のナンバーは、物の大きさを表していると考えています」
のように、ヒント的に指名します。

　これは、他者参照として、学習参加に課題がある子の支援につながります。

・課題を早く終わっている子には、
「○○さんは、もう分け終わっています」と早く終わったことを価値付けます。「分ける」終わることが目標、ゴールということを示すことができます。

2．協働学習時

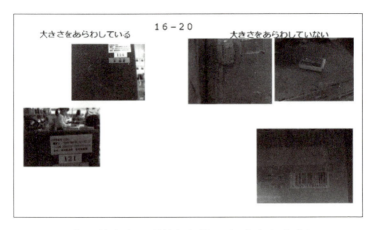

　グループで、教室内の「数」を見つけ、大きさを表している、表していないに分ける学習です。

　ここは、モデルとして次のようなグループを指名してほめてあげるとよいです。

・写真を撮る係、分ける係などに分けているグループ
「○班は、役割をしっかり分担していますね。誰もが役割を

持って、活動できていますね」
・撮った写真を話し合っているグループ
「〇班は、写真を分けるときに、しっかりと話し合っていますね。勝手に決めずに話し合うというのがよい」
・全員が活動しているグループ
「〇班は、全員が写真を撮って、全員で分類していますね。すごくよい」
・写真を1枚だけでなくたくさん撮っているグループ
「〇班は、意欲的ですね。1枚だけでなく、2枚、3枚と貼っている。こういう意欲がよいのですよ」

3．デジタル・モデリング効果の活用

　デジタル・モデリング効果とは、教師やすでにしている生徒が、デジタルツールを効果的に使用する様子を示すことで、他の生徒の学習を促進するという理論（Yelland & Masters, 2007）です。

　例えば、私たちは、YouTube や SNS で掲載されている時短仕事術や板書の写真を見たり、授業実践場面を見たりします。講師の先生が、デジタルツールをかっこよく使っていると憧れることもありますよね。

　端末活用場面は、「端末を効果的に使って問題解決をしているモデル」を示すことで後の学習技能が飛躍的に向上します。

　個人作業時、協働作業時とも目的を持ってモデル化した指名をするとよいですね。

第5章 — 3

理科「実験結果レポート」における指名の活用例

1. 理科実験レポートとは

実験レポートは、理科実験前後に子どもたちに作成させるレポートです。

学年に応じて詳細は変わりますが、おおよそ次のような形式で書きます。

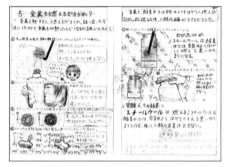

□実験のタイトル　□実験の目的　□予想　□材料と道具
□実験の手順　□結果　□考察　□まとめ　□参考文献

「手順」まで、実験の前時に作成しておき、実験後に、「結果」以下を書きレポートにします。

教科書の内容や組み立てもレポート形式になっていますので、そのままノートに記したり、学習プリントで提出したりします。

2. 理科実験レポートでの指名

(1) 目的を共通理解するために指名する

理科実験レポートのはじめは、「タイトル」と「目的」です。

これは、教科書に書いてあったり、教室で先生が設定したりするものです。
　ですから、「きちんと書いている子」を指名して取り上げます。
　指名することの目的は、実験の目的を明確にすることです。この実験では何を明らかにするのか、何が明らかになればよいのか、目的を共通理解するために指名します。

(2) 予想や結果、考察の書き方のよさを広めるために指名する

　例えば、「予想」ならば、日常生活の現象や経験、疑問などから書いている子を指名してほめます。
　書く前に指導してもよいのですが、まずは自分で書いてみて、他の子が書いたよいモデルを参考に、書いていく方が、学習効果は上がります。
　結果や考察も同じです。
「結果」ならば、見た通りに書いている、記録している、スケッチしている子を指名してほめます。
「考察」ならば結果から言える自分の考えを書くことができている子を指名してほめます。
　このように、書き方のよさを指名で広げていきます。

　理科実験レポートは、形成的評価です。教師、もしくは子どもが設定した「目的」を達成できているか、どのような修正を加えればよいかという現象の見方や書き方をフィードバックしてあげると学習効果が高まります。

第5章 ― 4

社会科「調べ学習ノート」における指名の活用例

調べ学習ノートの基本形は、わ・き・お

(1) 「わ・き・お」とは

わ・き・おとは、「わかったこと・きづいたこと・おもったこと」のことです。

ノートに①…②…のように箇条書きで記述させていきます。

「わ・き・お」は全員が、活動できる(書ける)指示です。

思ったことなら学級のほぼすべての子が書け、気付いたことならば半分くらい、わかったことが2割くらいの子が書けると向山洋一氏は述べています。

(2) 「わ・き・お」を書かせる場面の指名活用
①全員が課題に取り組めるような指名
「写真を見て、わかったこと、気付いたこと、思ったことを箇条書きにします」
「①と書いて、一つノートに書きましょう」

書いたら挙手して、発表させます。
わ・き・おのうち、思ったことは、ほぼ全員が見つけることができます。〇〇がある、〇〇がいるということをそのまま書けばよいからです。

　ここでの指名は、発表の意欲のある子、誰も見つけていないことを見つけている子、早く書けた子、先生の意図によって指名できます。

②学習問題や討論につなげるための指名

　子どもが発表したら、先生は、板書します。
「書いていない人がいたら写してよいですよ」
と言って、全員が最初の「わ・き・お」を書いてある状態を作ります。
「1行空けましょう、②と書きます。二つめのわ・き・おを書きなさい」
「②、③、④…と同じようにして、10個以上書きなさい」
　ここから、次の指示を出して、確認をします。
「3つ書いたら持っていらっしゃい」
と、指示して、先生のところに持ってこさせます。
「これ、いいねぇ」「よく考えたね」「誰も思いついてないね」「早いねぇ」など、とにかくほめます。

　ほめながら、学習問題につながるよい意見や、討論をした時に、学級の意見が2つに割れそうな意見を書いている子どもを見とります。

　その後、板書させたり、発表させたりしていく中で、見とった子の意見を学習問題として取り上げたり、討論の論題として取り上げたりします。

第5章 — 5

道徳「言行一致」における指名の活用例

1. 言行一致と道徳教育

　言行一致とは、口で言うことと行動とに矛盾がないことです。

　昔から、道徳教育の問題点として、「言行不一致」が取り上げられてきました。道徳の授業時間にはよいことを言っていても、実際に行動が伴わないということです。

2. 自分と「比べる」ことで、できているかを考える

　河田孝文氏が教科書を使った道徳教育について、大まかに次の流れを提案しています。

　まず、物語を朗読したあと、

> ① お話のあらすじ、登場人物を確認する
> ② 登場人物のよい発言や行動を見つける
> ③ ②の発言や行動を今までの自分と比べる
> ④ 大事だと思ったことを問う
> ⑤ 感想を書く

自分と「比べる」ことで、自分の言動を振り返らせることができます。

3．指名の活用例

⑴　登場人物のよい発言や行動を見つける場面で挙手させて指名します

　どの言動に共感したのか、人によって異なります。

　指名して、発表してもらったら、必ず同じ人？と聞いてあげましょう。そして、そのことに共感してあげましょう。子どもたち同士の共感につながります。

⑵　多様な意見を大切に

　共感も大切ですが、学級の中には、多様な価値観があるということを教えることも大切です。

　異なる意見や反対の考えがありそうなときは、その子を指名して、「○○さんの考えについて、どう思いますか」と、時々投げかけてあげるとよいと思います。

⑶　言行不一致、言行一致双方を取り上げる

　自分と比べる場面では、言行が一致している子と一致していない子を指名して取り上げます。

　言行が一致した経験がある子は、その時の経験や気持ちを話してもらうとよいでしょう。経験を共有してモデルとすることができます。

　言行が一致していない経験をした子には、その時にどうすればよかったのかや、その時の気持ちを考えさせたりしながら、自己分析をさせます。他の児童を指名してどうすれば良かったのかを考えさせてもよいでしょう。

　言行不一致が悪いわけでなく、子どもたちの価値観を明確にし、行動に移せるような道徳的な実践力の育成をねらっていくとよいかと思います。

第5章 — 6

生活「植物観察」における指名の活用例

1．「観察力」を育成するための指名

観察力を育成するためには、「実物」を観察します。

特に自分で育てている植物を観察することが大切です。育てることで愛着が湧きます。

観察したことは、スケッチと文で表現します。スケッチをしていると細かいところまでよく見るようになります。
色や形にも着目するようになります。

モデルとして指名し、学級に広めるためのポイントは、「スケッチの仕方」と「文」ということになります。

2　指名で広げる観察ポイント

(1)　スケッチ

スケッチは、「見る」ということが大切です。

しっかり見ている子を指名してほめます。

例えば、「葉の形」です。

「○○さんは、葉の形までしっかり見ているね。先がギザギザしているんだよね」

「○○さんは、葉っぱの筋（葉脈）までしっかり見ているね。よーく見ると、手のひらみたいに筋があるんだよね。観察力抜群」

　茎の様子ならば、

「○○さんの、茎は、しっかりと細かい毛が描かれているね。触ってみるとほら、ざらざらするでしょう。細かいところまでよく見てるね」

などと、細かいところまで見ている子を指名し、ほめて広げていきたいです。

(2) 文

　文は、一度口に出させた方がよいと思います。

　低学年ですから、低学年ならば黙って自分で黙々と書くということは難しい子もいます。

　外に出て、みんなを先生の声が聞こえるところまで集めます

「茎ってどんな様子ですか。近くの人と言い合いっこしてみましょう」

　触らせたり、匂いをかがせたり、色を見させたりします。言い合いっこしている中からいくつかの表現の方法を指名、発表させて取り上げます。

「白い毛があります」「ざらざらしています」「毛はすごく小さいです」など、できるだけたくさんとりあげます。

　同じようにして、葉についても相談させ、指名、発表させます。そこから、観察のポイント（色は○○です、形は、○○の形に似ています、手触りは、ざらざらです、大きさは、○○くらいです、○枚くらいありました。等）を共有化していきます。

Column

クツをそろえる

「A君、君のよくなかったところはどこですか。言えるね」
　彼は、ゆっくりと頷きながら言った。
「すぐに怒ってノートを投げたことです」
「よく言えたね。そのことで、みんなは嫌な気持ちになっています。あやまれますか」
　彼は、頷いてすぐみんなにあやまった。
　今度は、他の子に向けて話した。
「チャイムが鳴っても絵を描いていたA君は確かによくない。しかし、同じようなことをしていた子は他にもいました。なぜ、A君ばかりを責めるんですか。先生は、不公平な人は大嫌いです。注意をするのなら、まず自分たちを改めなさい。そしてA君に言いたいことがあるときは、まず先生に言ってきなさい」
　私は、徹底して彼の味方になることにした。
　A君は、基本的生活習慣が身についていない。
　「クツをそろえる」この一点に絞って指導することにした。
　何週間かたって、変化が現れた。彼のクツがそろっていたのである。すぐに、教室でほめた。「みんなクツがそろえられるようになったね。今日は特にA君のクツがきれいだった」
　A君がクツをそろえている場面に遭遇したことがある。すぐに教室でほめた。「今、A君が両手でクツをきれいにそろえていました。だからあんなにきれいに並んでいるのですね」
　とってもうれしそうだった。他の子と同じように、いけないことはいけないと注意して改めさせた。
　このようなことを繰り返して迎えた一学期末。彼は、大きくキレて暴れることはなくなった。多少のことは我慢できるようになり、腹を立てても自分で落ち着けるようになった。〈 河田孝文 〉

第6章

特別支援に配慮した指名例

下川凌司

第6章 ―1

ADHD傾向の児童への指名 NG・OK例

ADHDの特徴に対応した指名

　ADHDの特徴は大きく3パターンに分けられます。①不注意　②多動　③衝動性　です。それらの特徴を複合してもっている子どももいます。それぞれの特徴に応じたNG指名とOK指名があり、基本的にはNG指名の反対がOK指名となります。

ADHDの特徴①不注意

　このパターンの子どもは、授業中に違うことを考えていて、指名された時、何を聞かれているのかわかっていない場合があります。

　こんな時に指名されたら当然答えられるはずありません。そんな子どもに対して、「どうして聞いていないのですか？」「ちゃんと聞いておきなさい」と注意することになれば、子どもの自尊感情は大きく下がり、授業への意欲もそがれてしまうでしょう。

　不注意な子どものNG指名は「いきなり指名」です。

　では、不注意型のADHD児に対してはどのような指名がOK指名なのか。それは「予告して指名」です。

例を挙げます。
「次は、Aさんに当てようかな」
など、名前を呼んで、指名があることを予告するのです。
　他にも、机間巡視をしながらその子に近づき、「ここ、次に発表してもらおうかな」などのように、個別に予告する場合もあります。
　予告されると、子どもはやる気スイッチが入ります。指名されるまで、ドキドキワクワクしながら待つでしょう。
　予告は子どもを集中させるエンジンです。

ADHDの特徴②多動

　多動の特性をもつ子どもは、（低学年では特に）45分腰かけて授業を受けるのが難しいです。
　集中力が切れたり、やることがなくなると体を動かしたり、持っているもので手遊びしたりしてしまいます。
　そのため、作業を入れたり、意図的に体を動かすパーツを入れたりするなど、教師がコントロールしながら体を動かしてやることが大切です。
　指名においては、その子が体を動かせるような指名がいいでしょう。

　例えば、「Bさん、前で説明してください」という指名です。黒板の前で説明をさせることで、授業中に適切に体を動かすことができます。
　他にも、黒板に書かせる指名も有効です。
　ノートを持ってこさせ、教師がチェックしたあと、黒板に書かせるようにします。

やることが明確であれば多動になることはありません。

特別支援教育で有名な小嶋悠紀氏は、
「不適応行動と適応行動は同時に出現しない」
と述べています。
「みんなの前で説明する」「黒板に意見を書く」

このような望ましい行動をしている時には、立ち歩いたりおしゃべりをしたりするなどの不適応行動は出ないのです。

多動の特性を理解し、授業の中でその子が活躍できるような指名が必要です。

ADHDの特徴③衝動性

衝動性の特性をもつ子どもは、外からの刺激や思いついたことに対して、衝動的に反応や行動をしてしまいます。

例えば、授業中次のような子どもはいませんか？

・授業で指名されていないのに発言する
・順番を待つことが苦手

指名されていないのに、答えを言ってしまうと当然周りの子から「なんで言うの？」「言っちゃだめだよ」と批判を受けます。

では、教師はどうすればいいのか。

それは、言いたくなったらどうするかを教えてやればいいのです。

例えば、「わかったら静かに手を挙げます」と言って問題を出しましょう。

最初は、衝動的に言ってしまう場合があるかもしれません。周りからの批判もあるでしょう。

それでも穏やかにルールを伝えましょう。
「先生はなんと言いましたか？」
と言ってルールを思い出させましょう。
　次にその子が静かに手を挙げる事ができたら、すかさずその子を指名しましょう。
「静かに手を挙げているＣさん！」のように、ほめる事とセットで指名するとその行動がさらに強化されます。
「静かに手を挙げるといいことがあった！」という体験が最も重要です。
「静かに手を挙げている人を当てます」という言い方をすれば静かに手を挙げる子が増え、学習規律作りにもつながります。
　また、私は衝動性のある子どもを担任するときは、刺激を減らすために座席を一番前にすることがあります。
　するとこんないいことがあります。
　その子の列を指名するとき、その子が最初に答えることができます。
　順番を待つことが苦手な子でも周りからの不公平感なく最初に指名してやることができます。

　今回３つの特徴に応じて有効な指名を紹介しました。
　これらの特徴を併せ持つお子さんもいるでしょう。
　発達障害はその子に応じた支援や対応が大切です。
　まずは、目の前の子どもが何に困っているのか、どんな支援が有効なのか丁寧にアセスメントし、今回紹介した指名を取り入れていくといいでしょう。

第6章 —2

ASD 傾向の児童への指名 NG・OK 例

● ASD 傾向の児童への NG 指名

答えられない指名

　ASD 傾向の児童の多くは対人関係に苦手さをもっています。授業の中で指名されるということは、クラスのみんなから注目されることを意味します。ASD 傾向の児童には強いストレスがかかります。

　絶対に避けなければいけないことは、その子に恥をかかせることです。
「間違える」「笑われる」「答えられない」このような状況は ASD 傾向の児童に特に強い傷つき体験として記憶されます。傷つきやすい ASD 傾向の児童を指名するときの鉄則は、その子が答えられる場面で指名することです。

● ASD 傾向の児童へのよい指名

簡単な内容の指名

　よい指名の一つ目は簡単な内容の指名です。

　例えば、国語の授業において「題名は何ですか？」や、算数のたし算の筆算で「1の位、3 + 2は何ですか？」などです。

　その子の状況やクラスの実態によっても変わりますが、2学

年下の子でも答えられるくらいの簡単な問題でいいでしょう。「皆の前で言えた！」という小さな成功体験を積ませることが何よりも大切です。

　少し難しい発問でも確実にその子が答えられると判断したら指名してもよいでしょう。例えば、お隣同士で相談させます。その際、その子の傍で話している内容を聞き、答えられそうなら指名しても大丈夫でしょう。他にも机間巡視をしてその子が正解を書けていたら指名してもよいと判断できます。

視覚支援のある指名

　ASD傾向の児童は聴覚情報より視覚情報を理解しやすい特徴があります。ですから、視覚支援をしながら指名をするとASD傾向の児童も安心して答えることができます。

　。（まる）交代読みをさせる場面でその子が、読む場所がわかっていなさそうな場合は、さりげなく横に行き、読むところをトントンと指で合図します。ASD傾向の児童は、読むところを口頭であれこれ言われても混乱してしまいます。

　指で読むところを教える。「ここを読むんですよ」という隠れ指示です。これも視覚支援と言えます。

　他にも算数の授業場面では、絵や図にすることで問題を理解しやすくなります。絵や図を図示しながら指名すると、何を問われているかがはっきりするので、ASD傾向の児童にとって答えるハードルが下がります。

パターン化した内容の指名

　ASD傾向の児童の多くは見通しが立たないことに強い不安感を感じます。逆に見通しが立つと安定します。

そのため、ASD傾向の児童はパターン化した学習内容を好みます。教科ごとに毎時間同じ内容を繰り返せば、児童は見通しを持って学習に参加することができるからです。

　この毎時間行うパーツの中に意図的に指名を組み合わせることでASD傾向の児童も安心して答えることができます。

　例えば、私は4年生を担任した時、社会科で都道府県フラッシュカードを毎時間行っていました。このパーツに意図的に指名を組み合わせます。

　教室を窓側、廊下側の2チームに分け、両端から一人ずつ立たせ、教師はフラッシュカードをめくります。

　立っている児童はめくられたカードを見て、その県の県庁所在地を相手よりも早く言います。早く言えた子は勝ち残り、負けた子は座って次の人が立ちます。

　教師は次々にカードをめくり、テンポよく勝敗をジャッジしていきます。

　緊張感のある場面でこのようなゲームを毎時間繰り返すわけですから、子どもたちは楽しく県庁所在地を覚えていきます。このゲームは他の場面でも応用可能です。

　負けると当然悔しいですが、みんなどこかで負けるので、恥をかくことはありません。

　このように、毎時間のパーツの中に指名を組み合わせることができないか検討すると、どの子も参加できる活動的な授業になるでしょう。

　他にもパターン化された内容といえば、算数のアルゴリズム（答えを求めるために一定の手順を繰り返すこと）があります。

　例えば、わり算の筆算で「立てる」→「かける」→「うつす※」

→「引く」→「おろす」のように、次に何をするかわかる内容で指名するのも効果的です。
「次に何をしますか？○○さん」と、テンポよく指名していきます。その際、アルゴリズムを掲示しておくとさらに安心です。
※補助計算を横でして、筆算の方にうつす

得意分野で活躍させる指名

　ASD傾向の児童は興味の限局性があり、特定の分野に詳しい場合があります。その内容と学習内容とが重なっている場合、その子が活躍する大チャンスです。積極的に指名し、成功体験を積ませましょう。もちろん「よく知ってるなあ」と驚いたり、ほめたりすることも大切です。

ICTを活用した指名

　ICTを使うことで、どの子の意見も把握することができます。そしてどの子の意見も相互に見合うことができます。目立ちたくないという恥ずかしがり屋の子の意見を授業に取り入れるハードルがぐっと下がりました。
　ICTを使って自分の意見を他者にシェアするという機会をたくさん確保し、慣れさせることから始め、次第に、授業の中で意見を取り上げていくようにすれば、ASD傾向の児童も楽しく授業に参加できるようになるでしょう。

第6章 ―3

交流学級での指名
NG・OK 例

●交流学級での NG 指名

指名しない

　NG 指名「指名しない」はテーマに正対していないようですが、45分の中で1度も指名されなかったらと考えてみてください。

　そんな授業が何回も続いたとします。

　その子はどんな気持ちになるでしょうか。

　支援に入る特別支援学級の担任の先生や支援員の先生はどんな気持ちになるでしょうか。

　きっと「この先生は、気に掛けていないんだな」と思われるでしょう。

　もし指名ができなくても、机間巡視やノートチェックの場面でほめたり、励ましたりする声掛けはできます。

「どの子も大切にされなければならない。一人の例外もなく」という向山洋一氏の格言があります。

　どの子も「先生に大切にされている」と感じられるように教師は、子どもと関わっていかなければなりません。

　効果的な指名は教育技術ですが、「先生に大切にされている」と子どもに伝わる指名は技術ではありません。

教師の子どもを思う信念の表れです。

　1時間に全員を指名することは難しくても、1日に1回ならできるはずです。

　まずは、「全員を指名する」と決めましょう。

●交流学級でのOK指名

授業開始で巻き込む指名

　特別支援学級在籍の児童は、いつも交流学級にいるわけではありません。その為、授業の最初は緊張している場合もあるでしょう。授業のなるべく最初の段階でその児童を巻き込むことができれば安心して授業に参加できるかもしれません。

　例えば、前回の復習を授業の最初に行い、特別支援学級在籍の児童を指名することで、その子の理解度を把握すると共に子どもに「先生は気にしているよ」というメッセージを伝えることができます。

優先して指名

　交流学級在籍の児童が交流学級で授業を受ける機会は、他の児童と比べると当然少ないはずです。そのため、特別支援学級在籍の児童は優先して指名するように意識します。

　特別支援学級在籍の児童は、交流学級での学習に緊張しながらもいつも以上に頑張ろうとしているはずです。

　そのやる気を生かすも殺すも担任次第。

　その子が答えられそうな問題は積極的に指名し、成功体験を積ませましょう。

　交流学級の授業で活躍できた経験は、いいサイクルで特別

支援学級での学習や生活にもつながります。

グループ交流をさせた後の指名

　交流学級での学習で、なかなか自分の意見を持てない特別支援学級在籍の児童がいます。

　そんな時は、友だちと意見を言い合うグループ交流をしてみることをおすすめします。

　友だちと意見を交流する中で、次第に自分の意見を持てるようになります。

　指名して「グループでどんな意見が出ましたか?」と聞けば、意見を持ちにくい児童でも友だちの意見を言えばいいので発言のハードルが下がります。

　また、グループでの話し合いは、交流学級で友だちと一緒に学ぶため、相互理解というインクルーシブ教育の目的に合った学習方法になります。

　グループ学習が目的になると本末転倒ですが、授業の中で意図を持ってグループ学習を行うことはどの子にとっても大切なことです。

自信を付けさせる指名

　私が担任する学級にリコーダーが苦手な児童がいました。

　その子は特別支援学級に在籍4年生です。

　一斉練習ではなかなかスピードについていけません。

　おそらくこの子は、これまでリコーダーの授業でたくさんの傷つき体験をしてきているはずです。

「このままではいけない」と思い、特別支援学級担任の先生に次のお願いをしました。

①音楽の授業でリコーダーの練習になったら特別支援学級に戻って練習する。
②その子ができるスピードまで落として練習する。

　特別支援学級在籍の児童ですから、課題を特学担任と共有し、協力してその子を指導するのは自然なことです。

　仮にできないまま、交流学級で過ごせば、その子の自尊感情は下がり続けるだけだと思いました。

　勿論、特学担任に丸投げというわけにはいきません。

　私も休み時間に一緒にリコーダーの練習をしました。

　リコーダーの運指表を準備し、その子ができるスピードまで速度を落としながら練習を重ねました。

　手を握り、指の押さえ方を何度も確認しました。

　リコーダーのテストは、全員の前で一人ずつ吹かせました。その子の番、私もクラスの皆も注目して聞いています。

　練習の甲斐あって、なんとか最後まで吹くことができました。

　その子は勿論、周りの子も笑顔でした。

　特別支援学級の児童のがんばりは、交流学級の児童に見えていないことがあります。

　私は、定期的に特別支援学級の教室を見に行くようにしています。

　すると、その子のがんばりを見つけることができます。

　そのがんばりを交流学級でほめたり、紹介したりできるのは交流学級の担任だけです。

　普段、見えにくい特別支援学級在籍児童のがんばりを見つけ、そのがんばりを効果的な指名によって交流学級で紹介することでその子に自信を付けさせることができます。

Column

コンテンツづくりより発問研究を

　10年前、附属小学校の公開研で金子みすゞの「星とたんぽぽ」の授業を見た。授業者は、附属小の教官である。県内では、第一線の授業者のはずである。最先端の授業者は、「たんぽぽはどう？」と発問した。

　教師の意図を汲み取り、期待した答えを出してくれるはずの附属小の子どもさえ沈黙だった。当時駆け出しの私でさえ「ヒドイ」と思った。

　発問は、一文（20文字以内）に煮詰めるべし。

　その一文を一言一句間違わないよう練習すべし。

　発問の準備不足、練習不足は、子どもの混乱を招く。

　発問後、指名した子が？？？となる。チンプンカンプンな回答をする。

　指名した子に答えさせたいと焦る。そこで、一対一のやり取りをしてしまう。それが延々続く。周りの子は蚊帳の外だ。シラケル。だから授業が崩れる。

　一旦決めた発問は、授業中に修正しない。

　一人の子と何度もやり取りをするのではない。一人が？？？ならば、別の子に同じ発問をすべきだ。

　子どもの答えを期待するより、教師が解を告げたほうがよほどスッキリする。

　パソコン導入によるビジュアルな授業がスタンダードになりつつある。

　しかし、授業コンテンツ作成にほとんどのエネルギーが注がれ、発問作りが手薄になっている授業をよく見る。だから、授業がプレゼンテーションになってしまうのだ。

〈 河田孝文 〉

第7章

指名に関する よくある疑問・質問

河田孝文

第7章 ー1

指名しても答えられない児童がいたらどうすればよいですか？

　教師は、目的を持って指名します。
　例えば、
　・授業にリズムを作りたい。
　・問いに正対した発言をさせたい。
　・正解を言わせたい。
　・集中できていない子に注意喚起させたい。　　などなど。
「とりあえずその子に当ててみた」という意図のない指名では、子どもはたまったものではありません。

　授業にリズムを作りたいのであれば、すぐに次の子を指名すればよいでしょう。

　また、その子も答えられるように列指名にして、次々と当てていけばよいでしょう。

　問いに正対した発言をさせたいのであれば、あらかじめ答えられるだろうと思う子を指名することです。

　おそらくこの問いで授業の流れを作っていくのでしょうから、答えられそうにない子を指名してはいけません。授業がぐだぐだになります。

　正解を言わせたい場合も同様です。

　答えられそうな子を指名しましょう。

　もし間違ってもメンタルがタフですから大丈夫です。

答えられそうにない子を思い付きで指名して間違った場合は、授業に対するモチベーションが駄々下がりです。もしかすると先生を嫌いになるかもしれません。みんなの前で大恥をかかせられたのですから。

　授業に集中できない子の場合は、勝手が違います。

　指名することで、聞かざるを得ない状態を作ります。

　先生に注目しておかないと、答えられない状況を演出するのです。

　例えば、よそ見をして注意散漫な子がいる場合、あえてその子を指名します。

　当然、その子は答えられません。

　そこで、「立ってなさい」となります。

　そのまま授業を進め、次の問いで、再度その子を指名します。

　ほとんどの場合、問いに答えることができます。

　そこで「座りなさい」となります。

　その後は、先生の話を聞くようになります。

　この指名システムには波及効果もあります。

　集中できない子は、クラスに複数います。

　誰かが立たされる状況になれば、集中できなかった他の子に緊張感を持たせることができます。

「次は自分かも」と。

　このシステムで大切なのは、ネチネチやらないことです。

　テンポよく次々とやっていき、クラスにいやな空気を作らないことです。

　いずれにしても、指名は、意図を持ってやりましょう。

　指名の仕方で、リズムが生まれ、教室を盛り上げることもできます。

第7章 — 2

いつも同じ児童ばかり指名してしまう問題をどのように解決できますか？

　挙手指名を中心にしているのではないですか？
　挙手指名中心の教師は、基本的に「わかる」子中心に授業を進めます。
　このようなクラスは、次の状態になります。
・わかる子、できる子ばかりが発表する。
・ほとんどの子が、発言しない。
・クラス全体が授業に消極的。
・多くの子が授業を嫌いになる。
　わかる子、できる子、気の利いた子は、クラスの少数派です。ということは、大多数の子は、授業に参加しなくなります。「参加しなくていい」と思うようになります。
　そうならないためにも、できるだけたくさんの子に（できれば一時間に一度は）発言させるようにしましょう。
　もちろん、子どもに負担感を抱かせないことも大切です。
　そのために、たくさんのバリエーションの指名法を身につけておくことが必要です。
　例えば、列指名。
「一列起立」と告げて、前から順番に発言させていく。
　発言者は、答え方と心の準備ができます。
　いきなり指名されて答えるよりストレス度はぐんとさがり

ます。
　発言へのストレスを下げてやることも大切です。
　例えば、次のように進めます。
　問いをしたら、「ノートに書きなさい」と指示します。
　全員が書き終わったころを確認して、次のように言います。
「隣近所の人と相談しなさい」
　または、
「同じ考えの人どおしで相談しなさい」
というのもいいでしょう。
　この場合、子どもたちは、離席して教室中で井戸端会議が始まります。
　同じ考え、参考になる考えを聞いて、安心感を得ます。
　そこで、「誰か発表しなさい」と言えば、多くの子が挙手をするでしょう。
　この発表システムで大切なのは、「自分の考えをノートに書かせる」ことです。
　ノートに書くこと抜きの隣近所で相談となると、考えない子が出てきます。

　多くの子に授業に参加させたいのであれば、「指名なし発表」が有効です。
　指名なし発表も、指名システムです。
　子どものやる気を引き出す有効なシステムです。
　早い時期に指名なしのシステムをクラスにインストールすることをお勧めします。

第7章 ― 3

発言に消極的な児童を
どのように巻き込みますか？

　クラスには、発言が得意な子、発言が好きな子、間違っても平気な子がいます。
　また、その逆の子もいます。
　みんなの前で間違うのが嫌な子、恥ずかしがり屋、声が小さい子、発言そのものを面倒がる子。
　どんなクラスにも一定数存在します。
　そのような子が存在しないクラスは、異常です。
　まずは、そのような、発言に消極的な子どもを認めることが大切です。
　職員室で、次のような愚痴を聞くことがあります。
「このクラスの子は、発表しない」
　天に唾を吐く行為です。
　発表できないクラスは、担任が招いた結果です。
　また、そのようなことを漏らす教師は、ほぼ間違いなく自分自身も発言できない人です。
　研修や会議など大勢の前で手を挙げて発言できない教師です。
　自分の事を神棚に上げて子どもを批判するのは、教師にあるまじき行為です。
　大衆の面前で自分の考えを晒すのがどれほど大変なことなのか、自分に置き換えればわかるはずです。

まずは、発言に消極的な子の心境を想定してください。

先生は、常に「発言しろ」と言う。

発言する子をほめたたえる。

発言しない子の評価は低い（と先生から伝わってくる）。

そのような先生の考えは、必ず子どもに伝わります。

子どもにとってそんな学級は居心地がよいでしょうか。

発言が得意な子、苦手な子、どんな子にとっても居心地がよいクラスが理想です。

そんなクラスを目指しましょう。

発言できたら、思いっきりほめる。特に、日頃手が挙がらなかった子が手を挙げたら、真っ先に指名しましょう。

よほどの自信があったのでしょうから。

発言に消極的な子がいたら、「そういう日もあるよね」と心で思い、その子を責めることはやめましょう（心の中で思っていたら、伝わりますよ）。

授業は、発問・指示で組み立てます。

発問したら、必ず指示をします。

「ノートに書きなさい」など。

そのノート全員分をチェックします。

チェックの仕方は、複数あります。

机間巡視の場合もあれば、教師のところへ持って来させる場合もあります。

ノートチェックで、全員の考えを見とる努力をしましょう。

教師が子どもの考えを覚えておけば、意図的に発言させることができます。

初めから発言に積極的なクラスは、ほぼないと思いましょう。

クラスの発言力は、教師が意図的に育てるものです。

あとがき　　　　　　　　　　河田孝文

　二十代の駆け出し時代、十冊以上の教育雑誌を定期購読していました。
　毎月初め、職員室机上に届く雑誌の山にワクワクしていました。
　帰宅してから、晩御飯そっちのけで、隅から隅まで読みふけりました。
　授業や教材研究、学級経営をはじめとした、教育に関する内部情報はほとんどありませんから、消化できない内容がたくさんありました。
　それでも、教育情報を蓄積することに満足していました。
　蓄積した情報は、教室ですぐに役に立つわけではありません。
　未消化の教育技術を勘で繰り出してみても、十分な効果は得られませんでした。
　子どもたちは、期待通りに動きません。
　それでも書籍による教育情報蓄積と教室での試行錯誤を粛々と続けました。
　その作業で、教育技術が身につくという保証はありません。「もしかしたら、この状態のまま教師人生は終わるのかもしれない」とずっと思っていました。
　それでも、学びをやめなかったのは、楽しかったからです。
　とにかく授業に関する情報を自分の中に入れること、それを教室で試してみることが楽しくて仕方ありませんでした。
　手応えを感じるようになったのは、教師修業を始めてから

十年後くらいだったでしょうか。
　その頃は、様々な教育技術を無意識に繰り出していました。
　駆け出しの十年間に意識して使っていた教育技術が血肉化して技能化したのでしょう。
　プロ教師は、様々な教育技術を無意識に連続して使います。
　このような状態になるためには、一つひとつの教育技術を意識して使い続けるという作業が必要です。
　このようなうんざりする作業の遥か彼方に、無意識の連続技獲得があります。
　これは、教育技術に限ったことではありません。
　あらゆる技は、このような作業の先にあります。
　本書は、「指名」という技術に限定した情報が詰め込まれています。
　教室のどのような場面で、どのように指名するのかが具体的に紹介されています。
　まずは、情報をあなたの中に入れてください。
　そして、教室で考えながら使ってみてください。
　上手くいかないこともあるでしょう。上手くいかない方が多いかもしれません。
　それを繰り返してください。
　その先に、無意識の指名を繰り出すあなたがいます。
　授業に手応えを感じる笑顔のあなたがいます。
　三十年以上の私の実体験が、それを保証します。

[執筆者一覧]

河田孝文　山口県公立小学校教諭

大井隆夫　福岡県公立小学校教諭

下窪理政　山口県公立小学校教諭

田中稜真　福岡県公立小学校教諭

内藤恵子　山口県私立高校教諭

平松英史　福岡県公立小学校教諭

下川凌司　福岡県公立小学校教諭

読むだけで授業の腕が上がるメールマガジン
「谷和樹の教育新宝島」

TOSS代表・谷和樹が、
師である向山洋一の膨大な実践資料を
的確かつフレッシュに解説。毎週金曜日配信。

公式ウェブサイト：https://www.shintakarajima.jp/ ➡

若い先生のパートナーズBooK
PARTNERS' BOOK FOR YOUNG TEACHERS

教室とは、1対30で勝負する空間。
教師は、1人で30人を相手に学びを創る世界に飛び込むのだ。
次世代をエスコートする「教室の責任者」である担任は、

- 気力は眼にでる
- 教養は声にでる
- 秘められた感情は口元にでる

これらをメタ認知できる知識人にして行動人であれ。
その水源地の知恵が凝縮されたのが本シリーズである。

PARTNERS' BOOK
FOR
YOUNG TEACHERS

[編著者紹介]

河田孝文（かわた・たかふみ）

1964年5月6日生まれ
1988年　山口大学教育学部卒業
1988年　教育技術法則化運動に参加
TOSS授業技量検定十段
TOSS道徳教育研究会代表
TOSS/Advance代表

若い先生のパートナーズBooK／授業づくり

授業中の指名
どんな法則があるか

2025年1月5日　初版発行

編著者　河田孝文
発行者　小島直人
発行所　株式会社 学芸みらい社
　　　　〒162-0833　東京都新宿区箪笥町31番　箪笥町SKビル3F
　　　　電話番号 03-5227-1266
　　　　https://www.gakugeimirai.jp/
　　　　e-mail : info@gakugeimirai.jp
印刷所・製本所　株式会社ディグ
企　画　樋口雅子
校　正　若林智之
装丁デザイン　吉久隆志・古川美佐（エディプレッション）
本文組版　橋本 文

落丁・乱丁本は弊社宛にお送りください。送料弊社負担でお取り替えいたします。
©Takafumi kawata 2025 Printed in Japan
ISBN978-4-86757-065-4 C3037

☀ 学芸みらい社　山本東矢の好評既刊

最高のクラスになる！
学級経営365日のタイムスケジュール表

これで365日のタイムスケジュールの基本確立

Ⅰ 学級開きを最高のものに！
　黄金の三日間から、一カ月でクラスの土台部分をつみあげよう。
Ⅱ 学級経営手立てをつかいこなし、クラスの絆をパワーアップ
Ⅲ 絆が深まるとこんな嬉しいがあふれる

A5判並製／256ページ／定価：本体2300円+税
ISBN：978-4-909783-03-5 C3037

大好評3刷！

あなたのクラスで楽しさ爆発！山本東矢の
仲間づくり学級ゲーム50

・学校で友達を作ること　・仲間として認め合うこと
・チームとして一緒に考え行動すること

**ルール・使い方・所要時間など、活用目安が入り、
パッと使えるノウハウをイラスト入りでわかりやすく解説。**

B5判並製／112ページ／定価：本体2100円+税
ISBN：978-4-909783-20-2 C3037

大好評3刷！

まさか私の学級が？ 教師100万人が知りたい！
学級崩壊
悪夢の前兆チェック&必勝予防策68

**学級、学校が大変な時は子どもの状態が見えなくなりがち。
荒れパターンを知り、学級崩壊に陥らないための応援処方箋！**

A5判並製／150ページ／定価：本体2300円+税
ISBN：978-4-909783-69-1 C3037

好評既刊！

学級がどんどんよくなる
プチ道徳GAME

好評2刷！

・もめ事はどんなことで起こるのか
・暗い空気を一変させるには
・説教の代わりに、子どもが大好きなゲームで、
　"よい思考・行動"が自然体で溢れる教室が実現！

A5判並製／136ページ／定価：本体2000円+税
ISBN：978-4-909783-70-7 C3037

書籍のご購入はコチラ！

学芸みらい社 新シリーズのご案内

知的生活習慣が身につく
学級経営ワークシート 11ヶ月+α

監修：谷 和樹

編著者 尾川智子（1・2年）／岡 孝直（3・4年）／佐藤智彦（5・6年）／守屋遼太郎（中学校）

「教科書のない学級経営に "プロの暗黙知"を」
（谷 和樹「刊行の言葉」より）

B5判並製
平均144ページ
定価：2,300円+税

ISBN
1・2年：978-4-86757-018-0
3・4年：978-4-86757-019-7
5・6年：978-4-86757-020-3
中学校：978-4-86757-021-0

株式会社 学芸みらい社
TEL:03-5227-1266

〒162-0833 東京都新宿区箪笥町31番 箪笥町SKビル3F
FAX: 03-5227-1267 E-mail: info@gakugeimirai.jp
HP: https://www.gakugeimirai.jp/

オンラインショップは
こちらから！

書籍紹介はこちら！

新刊最新情報や
書評掲載の
情報はこちら！